Voulez-vous maigrir avec moi ?

Dr Yann Rougier
Avec la collaboration de Marie Borrel

Voulez-vous maigrir avec moi ?

La méthode SLIM-data

Albin Michel

Ouvrage publié sous la direction
de Laure Paoli et Marc de Smedt

SLIM-data

Le SLIM-data™ est un véritable indice minceur des aliments qui indique leur force de stockage. Il est compris entre 0 et 100. Plus le SLIM-data™ est élevé, plus le pouvoir de stockage de l'aliment est grand. Plus le SLIM-data est faible, plus l'aliment (ou le groupe d'aliments dans une recette) est favorable à l'amaigrissement et au contrôle durable du poids.

Cet indice n'a rien à voir avec le nombre de calories des aliments.

La méthode SLIM-data apprend à combiner les aliments en fonction de leur SLIM-data. Le but est alors d'obtenir un SLIM-data équilibré (entre 45 et 55) pour chaque repas. Ce qui conduit à un amaigrissement naturel, sans stress, et sans la dictature des calories et des quantités.

Dans le grand tableau des SLIM-data, tous les aliments suivis du signe P sont des aliments riches en protéines. Au moins un de ces aliments doit toujours être intégré dans chacun de vos repas.

La formule du calcul des SLIM-data est un brevet de recherche déposé par le Dr Yann Rougier.

SLIM-data est une marque enregistrée par la Recherche Forté Pharma.

Pour des raisons de lisibilité, nous avons choisi d'écrire les marques déposées avec une majuscule, sans les faire suivre du sigle ™.

SLIM-data est une appellation scientifique. Les lettres qui composent ce terme sont les initiales de Slimness with the Lowest Index of Metabolism. Ce qui signifie : Mincir grâce à l'utilisation des SLIM-data les plus faibles.

SOMMAIRE

À ma femme Valérie, à mes fils, Loïc et Jauffrey.
Votre amour et vos rires sont l'élan
de ma pensée et l'énergie de ma plume.

À mon frère Éric, à Juliette et Murielle.

À François et Odile.

À Marylène et Jean-Pierre.

INTRODUCTION

Un incroyable constat médico-social est passé presque inaperçu en ce début de 21e siècle : **notre nourriture a davantage changé en 50 ans qu'elle ne l'a fait au cours des 50 siècles précédents !** Surtout en termes de qualité nutritionnelle et même moléculaire (composition chimique des aliments). Une enquête minutieuse aux racines de l'obésité, ce nouveau fléau mondial, permet de découvrir les étonnantes implications de cet état de fait en matière de santé.

« Le temps n'épargne pas ce qu'on a fait sans lui », énonçait avec lucidité l'écrivain François Fayolle. En si peu d'années, cette évolution qualitative vertigineuse des aliments (presque invisible aux regards de non-professionnels) est responsable de nombre de nos maux de civilisation. À commencer par le surpoids et l'obésité.

Inutile de faire des investigations scientifiques poussées pour étayer ce constat : notre pain quotidien est là pour nous le rappeler. Il est devenu une « pauvre chose » légère, pâle et insipide ; même s'il demeure croustillant et délicieux pour certains (mais seulement durant les quelques heures qui suivent sa cuisson !). Comme lui, des dizaines d'autres aliments naufragés ont perdu à la fois leur saveur réelle et leurs vertus nutritionnelles, au profit d'un « marketing appétissant ». Pourtant, personne ne peut freiner la marche du temps et du progrès. Contraints de vivre avec notre époque, nous devons absolument nous adapter. « La véritable intelligence, c'est la faculté d'adaptation », nous dit Francis Bacon. Et notre corps est infiniment intelligent ! Il nous le prouve depuis des millénaires en s'adaptant à l'évolution progressive du monde environnant.

Cependant, **pour la première fois dans l'histoire de l'homme, notre corps n'a eu ni le temps ni la force de s'adapter à la transformation trop rapide de l'alimentation**, à tous ces nouveaux aliments façonnés par la marche effrénée du progrès et du profit. Alors, nos organismes déséquilibrés, trop fiers pour crier grâce, préfèrent se cacher derrière le surpoids progressif, l'obésité précoce et les maladies dites « de civilisation ».

Que faire ? **Il n'y a qu'une solution : comprendre ces nouveaux aliments pour mieux les apprivoiser ; savoir les regrouper en recettes spécifiques qui nous offrent de vrais menus et repas santé.** C'est ce qui rendra à nos corps équilibre et forces pour que nous puissions reprendre notre marche vers l'adaptation, vers une évolution humaine plus harmonieuse, plus respectueuse de nos rythmes profonds.

Voici l'unique but revendiqué par cette méthode minceur : vous offrir vingt-cinq ans d'une expérience pratique consacrée à la rééducation alimentaire et au rééquilibrage métabolique, loin de tout stress et de toute frustration. Sa conséquence principale est au service de votre santé : vous aider à retrouver votre juste poids, votre vitalité et votre bonne humeur, de manière naturelle et durable.

Voulez-vous maigrir avec moi ? J'ai choisi ce titre parce que **j'ai des choses importantes à vous dire**, dans lesquelles je m'implique scientifiquement et humainement.

J'ai des choses à dire à tous ceux qui souffrent de surpoids, à propos de la culpabilité inconsciente et des émotions négatives souvent associées aux kilos superflus : manque de volonté, peur de l'échec, déprime, mauvaise image de soi... À propos aussi de tous les troubles physiques qui découlent du surpoids : « coups de pompe » répétés, fatigue chronique, problèmes cardiovasculaires, prédiabète, problèmes articulaires, etc.

Pour vous impliquer « avec moi », je vous expose d'abord ce que j'ai à vous dire **en tant que médecin**, car j'ai suivi dans mon cabinet, en milieu hospitalier et dans le milieu du sport professionnel, un très grand nombre de patients qui voulaient apprendre à gérer durablement leur poids. Je vous l'explique ensuite **en tant que scientifique**, car j'ai pu mener de nombreuses recherches (en direct ou en collaboration interdisciplinaire) dans le domaine de la nutrition et du surpoids. Enfin, je m'adresse à vous **en tant qu'être humain** car le surpoids est un problème global qui touche un individu dans son corps, mais aussi dans ses émotions. Un problème qui implique la relation qu'il entretient avec son image, les relations qu'il noue avec les autres, sa manière de s'insérer dans la société, ses habitudes de vie... Si le surpoids est un sujet « assez simple », sa prise en charge est « assez complexe » car elle nécessite une vraie communication, d'Être à Être.

C'est donc un challenge, un défi que je vous propose de relever avec moi ! Au fil de ces pages, je vous accompagne dans la compréhension et l'utilisation de techniques simples, offrant un maximum d'efficacité dans un laps de temps réduit.

Lorsque vous aurez terminé la lecture de ce livre, toute l'efficacité de mon expérience et la mise en pratique de cette méthode vous appartiendront. Quand vous aurez atteint votre poids idéal, quand vous aurez appris à décoder le langage du corps et celui des aliments, vous pourrez à votre tour tendre ce livre à une personne qui en a besoin et lui dire, fort de votre propre expérience : « Voulez-vous maigrir avec moi ? »

1

LES VRAIES CAUSES DU SURPOIDS : UN SECRET BIEN GARDÉ !

Vous avez ouvert ce livre parce que... vous voulez perdre du poids ! Vous avez envie de mincir, de redessiner puis de sculpter votre silhouette, envie de retrouver votre énergie et votre moral, envie de rester en bonne santé... Bravo ! Mais vous n'y arriverez que si vous vous posez d'abord la seule vraie question indispensable : **« Pourquoi ai-je grossi ? »**

La première réponse qui vient à l'esprit est dictée par M. de La Palice : « J'ai grossi parce que j'ai trop mangé. » Ne vous arrêtez pas là. Poursuivez votre raisonnement : pourquoi avez-vous trop mangé ? Sans doute parce que le stress et les pressions de la vie vous y ont poussé, ainsi que les sensations de fatigue, les contrariétés, les baisses de moral... Certes. Mais, dissimulée derrière cette explication de façade, une pensée déprimante est omniprésente : « J'ai grossi parce que je n'ai pas assez de volonté. »

C'est une première idée fausse ! Vous êtes bien peu coupable d'avoir trop mangé. Vous êtes bien peu responsable de votre surpoids. En réalité, **c'est un dérèglement progressif de votre métabolisme digestif, lié à la qualité et à l'équilibre global de votre alimentation, qui a conduit votre cerveau à réclamer un excès de nourriture dont il n'avait pas besoin**. Ces « fausses faims » constituent sa façon de faire face, comme il le peut, à l'état de souffrance dans lequel le plonge le dérèglement métabolique qui caractérise ce début de 21e siècle. Et ces fausses faims chroniques conduisent progressivement à un vrai surpoids rebelle aux régimes.

De nouveau, plusieurs questions logiques s'imposent : pourquoi le cerveau donne-t-il cet ordre stupide et erroné ? Quelle est l'origine de sa « souffrance » ? **Quelle est la cause de ce dérèglement métabolique qui nous impose ces fausses faims ?** Où se trouvent la racine biologique et l'explication scientifique de ce surpoids planétaire[1], qui a pris son élan voilà un demi-siècle avant de devenir aujourd'hui une menace médico-sociale majeure ?

Ce « secret bien gardé » se cache dans notre nourriture quotidienne, qui, je le répète, a davantage changé au cours des 50 dernières années qu'au cours des 50 siècles précédents. Il faut mieux comprendre ce qu'est devenue l'alimentation du 21e siècle pour atteindre la source des problèmes de poids et leur trouver une vraie solution. **Il faut apprendre aussi à regarder différemment nos aliments, la manière de les cuisiner, la composition de nos repas...**

La méthode que je vous propose n'a rien d'un retour en arrière. Bien au contraire ! **C'est la première méthode adaptée aux exigences alimentaires et sociales du 21e siècle.** C'est pourquoi elle n'intègre de manière prioritaire ni la notion de calorie, ni surtout celle d'interdit. Cette méthode ne rejette aucun aliment de consommation courante et n'impose aucune contrainte frustrante ou stressante. Elle repose

1. Cette remarque n'est bien sûr valable que pour les pays industrialisés et (malheureusement) beaucoup de ceux en voie de développement. Mais je ne peux pas écrire ce livre et vous ne pouvez pas le lire sans penser à l'autre moitié de notre planète qui n'a pas encore accès à une nourriture digne. Que cela nous motive encore davantage pour retrouver un équilibre alimentaire et métabolique respectueux de notre corps et de cette nourriture offerte, dans nos pays, à profusion.

sur des bases scientifiques pluridisciplinaires[1] et sur des bases pratiques ; elle représente le fruit de 25 ans de recherche et d'observations au service d'une gestion efficace et durable du poids.

De l'esthétique individuelle au problème de santé publique

Depuis plusieurs décennies, la minceur s'est imposée comme un critère esthétique majeur et un facteur d'intégration positive dans la société. Cette quête obsessionnelle de la minceur se répand de plus en plus souvent au-delà des limites du raisonnable. On rencontre même parfois des individus des deux sexes, mal dans leur peau, en conflit avec leur image (ou leur vie), qui mettent toute leur énergie à perdre des kilos qui n'existent que dans leur imagination. Ces déviances fantasmatiques de l'image de soi peuvent même conduire à de vrais troubles physiques et psychiques : anorexie, boulimie, névroses alimentaires…

Dans le même temps, le surpoids et l'obésité ont explosé dans les pays occidentaux. Incroyable paradoxe ! Chiffres à l'appui[2] : notre planète comptait, en 2003, 300 millions

1. Cette méthode a fait l'objet d'une communication aux « Entretiens de Bichat » (hôpital de La Pitié-Salpêtrière, Paris, septembre 2005) : « Solutions minceur et contrôle durable du poids ; intérêt scientifique d'une nouvelle génération de compléments nutritionnels respectant les SLIM-data ».

2. Selon une enquête réalisée par l'Institut Roche de l'obésité, en collaboration avec l'Institut national de la santé et de la recherche médicale et l'hôpital de l'Hôtel-Dieu de Paris.

d'obèses, soit 100 millions de plus qu'en 1995. En 20 ans, le nombre d'obèses a triplé aux États-Unis et au Royaume-Uni. La France, qui compte près de 15 millions de personnes en surpoids ou obèses, voit ce chiffre augmenter de 5 % par an avec une inquiétante régularité. **La proportion des enfants en surpoids, notamment, ne cesse de croître.** Et même s'il faut se garder de confondre l'obésité avec le simple surpoids, il ne faut pas oublier que celui-ci a déjà de multiples conséquences négatives sur la santé.

Le problème de l'obésité et du surpoids se pose donc autant en termes de préoccupations individuelles (« Je veux être mince pour me plaire, plaire aux autres et être bien intégré(e) dans la société ») que de santé globale. Selon l'Organisation mondiale de la santé, 60 % des décès seraient dus à des maladies ayant un lien avec l'excès de poids !

Ce souci esthétique majeur de millions d'hommes et de femmes des années 1960 à 1990 est ainsi devenu, au fil des ans, une priorité de santé publique. L'obésité et ses conséquences (prédiabète, diabète, hypertension, problèmes articulaires et cardiovasculaires, etc.) ont largement débordé les frontières américaines pour nous menacer directement : nous, nos proches et, bien pire, nos enfants dès leur plus jeune âge... Ce fléau s'immisce même dans les pays en voie de développement, où la nourriture de base fait parfois défaut, mais où les produits occidentaux de « mauvaise qualité nutritionnelle » ont commencé à prendre le pas sur l'alimentation traditionnelle, faisant exploser des équilibres alimentaires déjà précaires.

Les régimes miracles n'existent pas !

Pour répondre à cette double pression sociale et médicale, régimes minceur, recettes et solutions miracles ont fleuri depuis un demi-siècle comme le muguet aux premiers jours de mai. On recense sur le Net plus de 7 000 rubriques liées aux différents régimes et plus de 194 000 liens entre les sites abordant le sujet. Certains conseillent de dissocier les aliments, d'autres de surveiller les calories de manière obsessionnelle, de manger uniquement des protéines ou de faire des diètes de fruits, de légumes, de pâtes ou de riz... D'autres préconisent des crèmes, des plantes, voire des médicaments[1] capables de faire « fondre » la graisse sans efforts. Le marché des produits minceur a explosé, tout comme les ventes des magazines qui font leurs gros titres sur le sujet. Et pourtant, les chiffres sont formels : nous continuons à grossir, de plus en plus tôt et de plus en plus vite. Le miracle attendu n'est pas au rendez-vous. C'est donc que la solution est ailleurs ! En effet, presque tous les régimes amincissants veulent forcer le corps et même le tromper. Cela se paye le plus souvent par des problèmes de santé ou des kilos... en plus ! (effet yo-yo). Voici quelques exemples.

Les régimes et monodiètes hyperprotéinés, inspirés par la technique hospitalière du Dr Atkins, font rapidement merveille en matière de perte de poids. Ils présentent un vrai « plus », qui explique pour beaucoup l'engouement

1. L'usage des médicaments destinés à provoquer l'amaigrissement (hormones thyroïdiennes, dérivés des amphétamines, diurétiques...) est dangereux. Il est réservé à certains cas pathologiques et doit se faire sous contrôle médical strict, en milieu hospitalier. Nous abordons ce problème plus en détail p. 214.

qu'ils suscitent : ceux qui les suivent ressentent très peu la faim et conservent un bon tonus physique et psychique. Malheureusement, cette absence de frustration repose sur un « forçage » métabolique. Le corps, n'ayant pour se nourrir que des protéines à sa disposition, est contraint de transformer ses réserves de graisses en sucre pour fournir de l'énergie aux organes, à commencer par le cerveau. Cette opération biochimique entraîne la production de corps cétoniques qui provoquent une satiété artificielle et une légère euphorie. C'est ce que l'on appelle la « cétose ». **Mais le cerveau, même rassasié, considère ce fonctionnement métabolique comme un état d'urgence**, une grave pénurie en sucre, un danger de manque. À l'arrêt du régime (obligatoire au bout de quelques semaines car il est toxique pour certains organes, notamment les reins), le cerveau impose progressivement une surappétance pour les saveurs sucrées et les féculents. Le poids perdu est rapidement repris, accompagné très souvent de quelques kilos supplémentaires.

Il en va de même pour **les régimes hypocaloriques**, fondés sur le contrôle permanent du quota calorique. Ces régimes contraignent le corps à s'adapter à une prise alimentaire inférieure à celle qui est exigée chaque jour par le cerveau. Si, à grands coups de volonté et de frustrations, vous parvenez à « tenir la distance » quelques semaines ou quelques mois, vous allez perdre des kilos. Mais à l'arrêt de ce régime (même en douceur), votre cerveau vous imposera **une reprise de poids plus ou moins rapide selon l'intensité de la frustration** que vous avez éprouvée au cours du régime (avec, là encore, quelques petits kilos supplémentaires en prime).

Enfin, **les édulcorants**. On peut aujourd'hui suivre un régime restrictif sans avaler de « vrai sucre », mais sans se passer pour autant de la saveur sucrée. Dès qu'une gorgée de soda light (ou de tout autre aliment édulcoré) entre en contact avec vos papilles, celles-ci envoient à votre corps un message : « Du sucre est en train de pénétrer dans l'organisme. » Les organes concernés se préparent à accueillir et à gérer cette ingestion de sucre. Mais la substance attendue n'arrive jamais. L'organisme est abusé, trompé. Et lorsqu'on trompe son corps, celui-ci finit toujours par réagir. Tôt ou tard, il entrera dans une phase de compensation qui se manifestera sur le plan alimentaire par des pulsions irrépressibles (boulimie) ou sur le plan enzymatique par une perturbation de la digestion (fausses faims, surstockage). À long terme, des troubles plus sérieux peuvent même apparaître.

Modifier les repères du cerveau

Tous ces régimes, quels qu'ils soient, sont donc des réponses inadaptées à un déséquilibre plus profond qui n'est pas, ou très mal, pris en compte. Au problème de la prise de poids, ils entendent apporter une solution qui repose sur un axiome mondialement admis : la personne en surpoids est en déséquilibre pondéral ; il faut qu'elle perde cet excédent et revienne à son poids normal afin de retrouver son équilibre.

Même s'il est mathématiquement logique, ce postulat est biologiquement faux ! Ou, au minimum, bancal et incomplet. En fait, la personne en surpoids est en équilibre avec son poids ! C'est du moins ainsi que son cerveau perçoit sa corpulence. **Quel qu'il soit, son poids est devenu « normal » au regard de l'ordinateur central qui gère la**

prise alimentaire en fonction des besoins (ou des « faux besoins ») du corps. Son cerveau accepte donc le surpoids comme un état satisfaisant. D'ailleurs, si ce n'était pas le cas, il réagirait rapidement et lancerait des ordres biologiques pour réduire l'appétit et le stockage.

C'est pour cette raison que tous les régimes échouent à moyen ou à long terme. Certains peuvent faire perdre du poids dans un premier temps, mais la minceur acquise est forcément transitoire. Aux agressions stressantes de la privation et de la restriction, le cerveau finit par répondre en provoquant des crises de fringale destinées à retrouver ce qu'il considère (à tort, certes !) comme le poids d'équilibre du corps.

Pour que les résultats d'un rééquilibrage alimentaire soient durables, il faut donc amener le cerveau à modifier ses repères quant à ce poids d'équilibre. La plupart des régimes sont focalisés sur la réduction ou la dissociation de l'alimentation. **Or, la véritable cible de l'amincissement, c'est le cerveau, et plus particulièrement le centre qui contrôle la satiété[1]. Il faut l'apprivoiser et le rééduquer grâce à des choix alimentaires rééquilibrants.**

L'implication des émotions

Les personnes victimes de surpoids sont en permanence culpabilisées par le discours ambiant : « S'ils mangeaient

1. Ce centre fait intervenir plusieurs zones neuronales situées au sein de l'hypothalamus (noyaux nerveux). De nombreux neuropeptides (neurotransmetteurs) sont mis en jeu dans son contrôle et ses rétro-contrôles (du cerveau vers le système digestif puis du système digestif vers le cerveau), et, au final, les interactions sont également nombreuses avec des neurotransmetteurs majeurs comme la sérotonine, la dopamine...

moins, ils seraient moins gros. » Les kilos superflus semblent dévoiler aux yeux de tous leur manque de volonté. C'est encore et toujours la même idée fausse ! Personne ne peut lutter contre les ordres d'un cerveau « en souffrance », qui se met en quête de nourriture et de nutriments pour compenser ses déséquilibres.

Tous les régimes érigent la minceur comme un but à atteindre : il faut multiplier les efforts, les restrictions ou les contraintes dans l'objectif de perdre ces kilos superflus qui sont la marque visible de notre faiblesse face à la nourriture. **Ces régimes induisent ainsi une peur de l'échec qui plonge rapidement les candidats à la minceur dans un état de stress intense. Ces derniers répondent alors à la souffrance de leur cerveau par une souffrance supplémentaire.** La pression devient si forte que, le plus souvent, ils « craquent ». Une pulsion alimentaire irrésistible les pousse à avaler des aliments « interdits », qui sont parfois présents jusque dans leurs rêves. Alors, pour se punir d'avoir dérogé à la règle qu'ils s'étaient fixée, ils s'infligent des privations plus draconiennes encore... quelquefois jusqu'à la limite de leurs forces nerveuses.

Le stress provoqué par tous ces régimes violents vient s'ajouter aux diverses tensions de la vie quotidienne, conduisant parfois à un écroulement proche de la dépression. Ainsi, peu à peu, se construit dans l'esprit des patients un minicauchemar éveillé : « l'infaillible échec » du régime, d'autant plus dommageable que plusieurs régimes l'auront précédé. Ces insuccès répétés se soldent par des (re)prises de poids progressives, de plus en plus importantes. C'est le fameux effet « yo-yo ». Après chaque régime, on reprend les kilos perdus, plus quelques petits kilos supplémentaires. Ces échecs minent peu à peu le moral de ceux qui voudraient mincir. L'image de soi se dégrade sous l'effet conjugué de la culpabilité, de la peur, du stress et de l'impuissance à régler le problème. C'est un véritable cercle vicieux dans lequel s'enlisent à la fois le corps et le psychisme.

Enfin, sur le plan physique, ces régimes inadaptés et ces efforts inutiles amplifient encore les conséquences néfastes de cet excès de poids : risque de diabète, d'hypertension, de maladies cardiovasculaires, de problèmes articulaires... Un ensemble de troubles que l'Organisation mondiale de la santé a réunis sous l'appellation aimable de « Syndrome Métabolique » et qui progresse en même temps que le surpoids dans les sociétés industrialisées.

Une méthode douce pour votre corps et votre moral

La méthode que je vous propose permet d'abandonner en quelques jours tout sentiment de culpabilité envers la nourriture : on oublie la quête obsessionnelle de la minceur ; on oublie le stress de la privation et la peur de ne pas atteindre les objectifs que l'on s'est fixés. **La minceur n'est plus un but en soi. C'est la conséquence (bénéfique !) d'un rééquilibrage plus profond. Le bien-être alimentaire devient la vraie priorité.** Les calories ne sont plus des ennemies. On s'extrait immédiatement du cercle vicieux des déceptions et des rétorsions que l'on s'inflige pour se « punir » d'avoir craqué.

Personne n'est totalement coupable de ses kilos en trop. Tout le monde en est victime ! Cette « révélation neurobiologique » n'est pas destinée à excuser le surpoids, mais à mieux en expliquer les rouages. Cela afin que les nombreuses personnes confrontées à ce problème cessent de se sentir coupables de leur état pour en **devenir conscientes et responsables**. Le sentiment de culpabilité est stérile. Il conduit aux échecs répétés, aux baisses de moral, voire à la subdépression chronique. À l'inverse, le fait de se sentir conscient et responsable permet de réagir, puis d'agir avec efficacité et en toute sérénité.

Mais avant de parvenir à agir ainsi, il faut commencer par comprendre. Cette compréhension vous permettra de fournir aisément les quelques efforts nécessaires pour respecter l'hygiène alimentaire adaptée à l'être humain du 21e siècle. Votre perte de poids découlera naturellement de cette nouvelle hygiène alimentaire. Une perte de poids durable, synonyme de vitalité et de bien-être physique et moral.

■ *Notre corps possède une mémoire-minceur*

Que de temps et d'illusions perdus avec ces multiples régimes ! Que d'efforts vains ! Pourtant, au lieu de culpabiliser ceux qui ont du poids à perdre (qu'il s'agisse de quelques kilos superflus ou d'une véritable obésité), on peut les aider à réveiller leur « mémoire-minceur ».

Vos cellules graisseuses (les adipocytes) et les cellules nerveuses qui sont associées au tissu adipeux ont gardé le souvenir de l'époque où vous n'aviez pas un gramme de trop, même si celle-ci est très lointaine. Vous n'êtes pas né(e) gros(se)[1]. C'est au fil des années que vous avez acquis

1. Excepté dans certains cas d'obésité pathologique précoce. Rappelons que cette méthode s'adresse à tous les types de surpoids non pathologiques (97 % des surpoids), ce qui exclut les dérèglements hormonaux, génétiques ou congénitaux graves.

votre surpoids. Contrairement à toutes les idées reçues, vos cellules graisseuses sont vos amies. D'ailleurs, aucune partie de votre corps ne vous est hostile. **Ce que vous jugez souvent comme une trahison esthétique ou métabolique n'est en réalité que l'expression d'une perte d'équilibre.** N'oubliez jamais cela ! Pensez-y souvent. **En réapprenant à vous aimer, vous apprivoiserez plus facilement les zones rebelles ou malades.**

Vos adipocytes sont des amis au service d'une « silhouette de rêve ». Il ne s'agit pas forcément de la silhouette qui correspond à vos fantasmes, mais à celle qui correspond à votre métabolisme[1]. Elle est inscrite dans vos gènes et dans votre mémoire métabolique. Il existe en effet dans chaque cellule graisseuse une véritable « mémoire de votre juste poids ». Il est possible de réveiller ce « souvenir cellulaire ». Inutile pour cela d'avoir recours à des privations ou à des efforts intenses. Il suffit de petites corrections alimentaires et nutritionnelles, associées à de petites corrections comportementales et psychologiques.

La nutrition, les émotions, le stress, le cerveau et la digestion forment un cercle biologique, indissociable de la santé et de l'équilibre. Il est beaucoup moins stressant et beaucoup plus efficace d'adopter ces petites corrections pratiques et ciblées, que d'infliger au corps et au psychisme les grands bouleversements qui sont liés aux régimes draconiens. L'expérience montre de façon formelle que le corps est extrêmement rebelle aux modifications importantes de ses habitudes physiques, psychiques ou biologiques.

1. Rassurez-vous : il n'y a que 2 ou 3 kg d'écart entre ces deux silhouettes-types. Jamais 10 ou 14 kg !

Une méthode, pas un régime...

« Voilà un régime de plus », dites-vous ? Non ! **Il s'agit au contraire d'une méthode qui prend l'exact contre-pied de toutes les certitudes alimentaires de ce début de 21e siècle.** Il s'agit d'une remise en question radicale de 50 ans de désinformation alimentaire et sociale. Nos organismes n'ont pas eu le temps d'intégrer les nouveaux paramètres qualitatifs et biochimiques dus à l'industrialisation des aliments : additifs, colorants, conservateurs, procédés de raffinage... **Cette désadaptation a progressivement déréglé trois organes majeurs : le pancréas, le centre de la satiété situé dans le cerveau et le tissu graisseux lui-même.** Ce dernier est un organe à part entière ; il agit à travers ses fonctions graisseuses propres, mais aussi à travers les fonctions de contrôle et de régulation de tout notre métabolisme énergétique. **Ces légers dérèglements sont à l'origine de nos excès alimentaires, de nos envies irrépressibles, de toutes ces calories ingérées sur ordre de notre cerveau sans que notre corps en ait réellement besoin.**

En un siècle environ, entre 1895 et 2000, les besoins énergétiques individuels des citadins ont considérablement baissé. Un exemple : à la fin du 19e siècle, nos ancêtres marchaient en moyenne 3,5 km par jour ; aujourd'hui, nous marchons parfois moins de 500 mètres ! De même, ces aïeux devaient s'adapter à une température moyenne de 15,5 °C (à Paris), alors qu'aujourd'hui celle-ci est passée à 21,5 °C (nous nous déplaçons le plus souvent dans des véhicules chauffés, maisons et bureaux sont climatisés...). Plus le progrès se développe, moins notre corps est sollicité pour consommer de l'énergie. Nos besoins énergétiques sont contrôlés par une sorte d'ordinateur central situé dans le cerveau : le centre de la satiété. C'est le même type d'ordinateur central qui gère l'équilibre de nos paramètres biologiques internes : notre pression artérielle, notre température... C'est ce que les scientifiques appellent l'homéostasie.

Pourquoi cet ordinateur biologique si performant, qui parvient à contrôler si minutieusement toutes ces données, ne sait-il plus adapter notre prise alimentaire à nos besoins énergétiques ? **Pourquoi grossissons-nous de plus en plus en ce début de 21e siècle alors que nos besoins énergétiques diminuent depuis un siècle ?** À cause de l'évolution déséquilibrante de notre alimentation et de notre façon de manger. Il est donc urgent d'apporter une réponse scientifique et pratique adaptée à ces transformations nutritionnelles, adaptée aux aliments et aux modes alimentaires de notre époque.

Depuis le milieu du 20e siècle, l'évolution de l'alimentation s'est incroyablement accélérée. Le respect millénaire de l'aliment a volé en éclats. Si, pendant des siècles, les aliments ont voyagé et se sont progressivement échangés entre pays et cultures, leur « qualité intrinsèque » a toujours été préservée. Depuis les années 1960, l'explosion technologique s'est appliquée aux aliments pour en améliorer la conservation, la texture, le goût... Nous avons joué aux apprentis sorciers avec des centaines de molécules chimiques et aromatiques, de conservateurs, de liants, d'exhausteurs de goût, de colorants... Plus de la moitié de ces substances n'ont toujours pas, à ce jour, fait la preuve de leur innocuité à moyen et à long terme. À la place du principe de prudence, on a appliqué le principe, bien peu éthique, de l'expérimentation humaine (!) : en fonction des effets secondaires signalés, on supprime chaque année quelques dizaines de substances dites « alimentaires ».

Aujourd'hui, nous mangeons des aliments transformés à l'excès et nous avons perdu le savoir empirique ancestral des associations alimentaires telles qu'elles apparaissent dans les recettes traditionnelles. Devons-nous pour autant revenir à l'alimentation du siècle dernier ? Certainement pas ! Mais il faut prendre en compte la réalité des aliments que nous ingérons aujourd'hui et apprendre à les utiliser de manière à ne pas subir les conséquences désastreuses qu'engendrent leurs transformations, à commencer par l'explosion de l'obésité.

Les calories : une notion dépassée

Depuis une cinquantaine d'années, les régimes sont, dans leur grande majorité, fondés sur la notion de calorie. Cette unité de mesure énergétique (un chiffre « mort ») n'a pas grand-chose à voir avec la réalité de notre métabolisme (une entité vivante). **Une fois ingérées, 100 calories de yaourt ne produisent pas le même effet digestif et métabolique dans l'organisme que 100 calories de pomme, de saucisson ou d'huile d'olive !**

Tous les aliments que nous consommons contiennent des nutriments (glucides, lipides, protides, vitamines, minéraux...) et possèdent un index calorique. Ainsi, dans 100 g de steak haché on trouve environ 250 calories, composées en grande partie de protides ; dans 100 g de concombre, on trouve seulement 17 calories, composées principalement de glucides ; dans un yaourt nature, 55 calories, composées surtout de protides et de lipides. **Mais pour métaboliser**

ces aliments, l'organisme réagit d'abord en fonction de leur composition alimentaire et biochimique, de leurs associations, de leur cuisson, et non de leurs calories.

Les calories n'ont aucune « intelligence métabolique ». Une calorie ressemble à un paquet : si vous le déposez devant une étagère, il ne pourra pas se déplacer tout seul pour aller se ranger à la place qui lui correspond. Il lui faudra de la main-d'œuvre. L'index calorique classe donc les aliments en fonction d'une donnée utile, mais inerte. Pour la rendre dynamique, il est nécessaire de tenir compte de ce qui « transporte » les calories, de ce qui fait qu'on les utilise tout de suite ou qu'on les stocke pour plus tard. C'est l'oubli de cette notion fondamentale qui explique les limites des régimes axés uniquement sur les calories.

La méthode que je vous propose « oublie » volontairement la notion de calorie. Elle vous fournit une technique pratique et simple, permettant de grouper les aliments de manière qu'une fois ingérés, ils envoient à votre système digestif (particulièrement au pancréas) un message d'apaisement destiné à modifier progressivement ce que le cerveau considère comme votre poids d'équilibre. Ces messages rééquilibrants quotidiens vont l'amener à se sentir en équilibre avec moins de poids. Et ce, assez rapidement : **en 10 à 15 jours (phase 1 de la méthode), le processus minceur sera enclenché et il ne s'arrêtera qu'au moment où vous aurez atteint votre poids idéal.**

En règle générale, passé cette première phase, les personnes ayant entre 3 et 10 kg d'excès de poids perdent entre 0,7 kg et 1 kg tous les 10 jours ; les personnes ayant entre 10 et 20 kg d'excès de poids perdent entre 1 kg et 1,3 kg tous les 10 jours. Au-delà de 25 kg, la perte de poids se poursuit au même rythme, régulièrement ; mais il est toujours préférable qu'elle se fasse avec un encadrement diététique et psychologique adapté.

Le langage minceur des aliments

Le principe de cette méthode est donc simple : je ne considère pas seulement les aliments sous l'angle de leur contenu calorique, mais avant tout sous celui de leur capacité à générer ou non du surpoids en fonction de leur impact digestif et métabolique. Le plus souvent, ce n'est pas l'aliment lui-même qui vous fait prendre du poids, mais les processus digestifs et métaboliques qu'il déclenche dans votre organisme.

Tous les aliments ont un « langage » qu'il s'agit de réapprendre afin de pouvoir dialoguer avec eux. Ils ont même un « langage minceur ». La perte de poids devient alors la conséquence de ce dialogue, de cette communication rétablie entre vous et le contenu de votre assiette.

Cette méthode repose donc sur un constat : il existe une très grande différence entre :

– ce que nous mangeons ;

– ce que nous digérons ;

– ce que nous métabolisons.

Cela fait intervenir trois index différents :

– l'index calorique (les aliments que nous mangeons) ;

– l'index enzymatique (la façon dont nous les digérons) ;

– l'index insulinique (la manière dont réagit le corps pour assimiler, utiliser ou stocker).

La méthode que je vous propose recombine ces trois index en un seul : le SLIM-data[1]. Cet index indique le pouvoir de stockage de chaque aliment. C'est en quelque

1. SLIM-data est une appellation scientifique, déposée par un groupe de recherche en nutrition franco-japonais. Les lettres qui composent ce terme sont les initiales de *Slimness with the Lowest Index of Metabolism*. Ce qui signifie : Mincir grâce à l'utilisation des SLIM-data les plus faibles.

sorte un index minceur ! Dans le calcul du SLIM-data des aliments, c'est l'index glycémique qui domine. L'index calorique n'est pas totalement absent, car il correspond à une réalité alimentaire, mais il n'est plus prioritaire

Dans un premier temps, vous allez donc découvrir le SLIM-data de chaque aliment. Ensuite, vous apprendrez à associer les aliments et à les cuisiner de manière à contrôler et limiter leur pouvoir de stockage. Aucun aliment n'est véritablement interdit, il suffit de ne pas l'associer n'importe comment et à n'importe quoi. **En quelques semaines, vous instaurerez un rééquilibrage métabolique et organique dont l'amincissement sera la conséquence directe.** Une sorte d'effet secondaire bénéfique de votre nouvelle façon de manger !

Beaucoup d'autres bénéfices

Du coup, l'effet de ce réglage alimentaire ne se limitera pas à la minceur. Cette nouvelle façon de s'alimenter régulera en douceur tout le métabolisme digestif, ce qui est fondamental pour cultiver bien-être, vitalité et santé au quotidien.

Le système digestif est présenté par les neurobiologistes comme un « deuxième cerveau », tant il est riche en cellules et en connexions nerveuses. D'innombrables informations s'échangent autour de notre tube digestif. En rééquilibrant la fonction digestive, on harmonise d'autres grandes fonctions organiques (lymphatique, hormonale, hépatique, rénale...). On gère mieux son stress et ses angoisses ; le sommeil s'améliore ainsi que la qualité de la peau ; les petits troubles de mémoire et les difficultés de concentration diminuent... Cette rééducation alimentaire constitue également une parade efficace contre la spasmophilie, cette « maladie du 20e siècle » due à une mauvaise fixation de certains micronutriments essentiels sur un terrain hypoglycémique, déséquilibré et carencé (j'ai l'expérience, depuis plus de quinze ans, de l'effet bénéfique de cette méthode pour l'amélioration des terrains spasmophiles ; voir les explications détaillées p. 171).

En modifiant en douceur votre façon de manger, vous allez renouer des relations d'amitié avec votre corps. Vous lui enverrez des messages lui prouvant que vous l'aimez et, en retour, vous vous ferez aimer de lui. Ce livre va donc vous faire du bien.

Il vous fera du bien immédiatement, dès que vous l'aurez lu, en vous débarrassant enfin de votre culpabilité et du poids de vos échecs antérieurs.

Il vous fera du bien quelques jours plus tard, quand, après avoir compris et respecté les mécanismes intimes de votre organisme, vous le sentirez revivre et s'alléger, se réjouir.

Il vous fera encore du bien au bout de quelques semaines, car vous verrez vos kilos s'envoler progressivement, naturellement et en douceur.

Il vous fera toujours du bien au bout de quelques mois, quand vous verrez votre silhouette se redessiner.

Et sans doute vous fera-t-il encore du bien au bout de plusieurs années, car vous ne subirez plus les contraintes ou la peur du surpoids, affranchi que vous serez de l'ignorance du langage du corps et de celui des aliments.

Nos corps et les aliments que nous consommons étaient fâchés depuis plus de cinquante ans. Voici le chemin de leur réconciliation...

2

LES PRINCIPES FONDAMENTAUX DE LA MÉTHODE SLIM-DATA

Tous les régimes amincissants reposent, peu ou prou, sur l'une des deux équations suivantes. La première : « Moins on mange, plus on maigrit. » C'est la voie de la restriction, chère entre autres à tous les régimes hypocaloriques. La seconde : « Lorsqu'on prive l'organisme de graisses et de sucres, on provoque une utilisation forcée, et donc une fonte, de la graisse en réserve. » C'est ce changement du métabolisme digestif, imposé et brutal, qui motive notamment les régimes hyperprotéinés et certains régimes dissociés.

Que l'on prive l'organisme de nourriture ou qu'on l'oblige à modifier radicalement son métabolisme, on le soumet à des changements qu'il juge trop violents. **Dans la mesure où le cerveau a enregistré le surpoids comme étant un poids d'équilibre, il vit les changements imposés par les régimes comme une agression intolérable et incompréhensible au niveau cellulaire.** Or, le corps a horreur des bouleversements rapides et imposés ! Faute d'une rééducation alimentaire progressive (capable de réveiller la mémoire-minceur inscrite dans nos cellules), **il n'aura de cesse de revenir au surpoids qu'il a enregistré comme une norme d'équilibre.** L'échec de ces régimes trop brutaux pour le corps est donc inscrit dans leur principe même.

Les bases de notre relation à l'alimentation se sont construites dans des temps très anciens. Nos ancêtres préhistoriques étaient confrontés régulièrement au danger du manque de nourriture. Leur corps a appris à stocker de l'énergie en vue des privations à venir, grâce à des mécanismes biologiques très sophistiqués de contrôle et de rétrocontrôle. **Ce réflexe de stockage est inscrit dans notre cerveau ancestral**, reptilien, celui qui gère nos pulsions et nos besoins vitaux. Comme l'expliquait le Pr Henri Laborit : « La seule raison d'être d'un être, c'est de maintenir sa structure[1]. » La plupart de nos actes vitaux sont sous-tendus par cet instinct de conservation. C'est lui qui nous incite à manger pour rester en vie, à nous défendre lorsque nous sommes en danger, à nous reproduire pour préserver notre espèce... Le cerveau des humains évolués que nous sommes devenus n'a pas tout à fait oublié ces messages archaïques. Lorsque nous malmenons nos corps avec des privations trop rapides et trop intenses, celles-ci sont vécues comme une agression biologique et déclenchent de véritables « réflexes de survie ». L'instinct de conservation refait alors surface et nous pousse à reprendre les kilos perdus pour nous protéger du danger (de la peur ancestrale de manquer !). **Et aucun acte de volonté ne peut lutter contre cet instinct à long terme.**

La seule manière de rééduquer durablement votre mémoire métabolique (acquise) et de réveiller votre mémoire-minceur (génétique), c'est de transformer votre manière de vous alimenter. Mais auparavant, il vous faut comprendre ce qui a vraiment changé dans l'alimentation depuis une cinquantaine d'années, et comment votre organisme a réagi à ces modifications.

1. Propos tirés du film réalisé en 1978 par Alain Resnais, intitulé *Mon oncle d'Amérique*, dans lequel le Pr Laborit fait état de ses travaux sur le stress et l'inhibition de l'action.

La mondialisation alimentaire

Pendant plusieurs millénaires, les hommes ont modifié très lentement leur manière de préparer et de mélanger les aliments. Jusqu'au néolithique, ils ont vécu de chasse, de pêche et de cueillette. Ils ont consommé ces aliments d'abord crus, puis cuits. Il y a dix mille ans environ, la sédentarité leur a permis de commencer à cultiver certaines plantes et à élever des animaux.

C'est seulement cinq mille ans avant notre ère que les céréales ont pris une place d'importance dans l'alimentation : le riz en Extrême-Orient, le maïs en Amérique du Sud, le blé en Europe. Ensuite, les seules nouveautés ont été apportées par la circulation de plus en plus aisée des denrées alimentaires, à mesure que se développaient les conquêtes sur les différents continents. Les hommes se sont ainsi échangé des produits susceptibles de voyager sans s'abîmer : épices, céréales...

Ils ont aussi essayé d'acclimater des plantes découvertes de l'autre côté du globe. C'est ainsi qu'en Europe nous avons découvert la tomate ou la pomme de terre. Lorsque les conquistadors espagnols rapportèrent ce tubercule de leur voyage dans l'actuel Pérou, ils n'imaginaient pas qu'il allait devenir une base alimentaire pour des millions d'Européens. En 1763, le jeune Parmentier, qui l'avait goûté en Allemagne, entreprit de le faire connaître en France. Il écrivit plusieurs ouvrages sur ce sujet et éveilla l'intérêt du jeune roi Louis XVI, qui fit organiser un grand banquet entièrement à base de pommes de terre pour lancer cette nouvelle mode alimentaire. L'expérience eut le succès que l'on sait. **Mais**

cette diversification alimentaire était lente, progressive, et ne modifiait jamais la nature même des aliments.

Côté conservation, jusqu'au début du 20e siècle, les seuls moyens connus étaient le sel (saumure, salaison), le fumage, la stérilisation ou le froid. Dans l'Antiquité, les Romains s'étaient aperçus que, au-delà d'une certaine concentration en sel (environ 15 %), les bactéries responsables de la fermentation toxique ne faisaient pas leur œuvre. Ils conservaient notamment dans le sel les olives, les légumes, certains poissons ou viandes. Ils avaient aussi remarqué que dans un environnement très froid (moins de 5 °C) les aliments se conservaient plus longtemps. C'est pourquoi ils emballaient dans de la neige les poissons qu'ils rapportaient de leurs batailles dans le nord de l'Europe. À la fin du 18e siècle, la stérilisation fit son apparition. Au début du 19e siècle, le procédé devint industriel et l'on commença à commercialiser des aliments en conserve. À la fin du 19e siècle, on assista à la naissance de la véritable congélation : à partir de – 18 °C, les bactéries sont stoppées et les aliments se conservent très longtemps. La conservation par le froid devint courante dans les familles vers le milieu du 20e siècle, avec l'apparition des réfrigérateurs domestiques, puis des congélateurs. Là encore, la nature et la structure des aliments étaient préservées.

Mais depuis le milieu du 20e siècle, la nourriture a été emportée par le mouvement irréversible qui anime le monde occidental : elle s'est mondialisée. Qu'est-ce que cela signifie ? Les aliments peuvent aujourd'hui être stockés, conservés et transportés à l'autre bout du monde sans se détériorer. **Or, un aliment est d'autant plus facile à conserver qu'il est chimiquement contrôlable.** Et il l'est d'autant plus qu'il contient un petit nombre de composants naturels et de nutriments. C'est pourquoi un aliment raffiné est beaucoup plus facile à stocker, à conserver et à transporter.

Un exemple simple : la farine. Dans la farine de blé complète, on trouve cinquante-sept substances différentes. Dans une farine blanche très raffinée, la plupart de ces substances ont été éliminées de manière à se rapprocher des hydrates de carbone purs. On n'y trouve presque plus de fibres, de minéraux, de levures… Et contrairement aux idées reçues, ces carences constituent seulement la partie émergée de l'iceberg. Le vrai malheur nutritionnel est caché : **ces transformations industrielles provoquent des mutations très importantes des fonctions de digestion et d'assimilation, ce qui modifie le SLIM-data de l'aliment**. Mais cette farine raffinée est mieux adaptée à la mondialisation alimentaire, car elle est plus facilement contrôlable que la farine complète. Il suffit d'y ajouter quelques additifs, et elle pourra se conserver sans difficulté pendant plusieurs années !

Ce n'est pas la première fois dans l'histoire de l'humanité que l'alimentation change, mais, auparavant, rien n'était modifié dans la nature des aliments. **De nos jours, et pour la première fois dans l'histoire de l'humanité, c'est la structure même de centaines d'aliments qui a été modifiée et parfois totalement transformée.** Et c'est là un des secrets bien gardés du surpoids chronique.

■ *D'innombrables additifs*

Les additifs sont également au cœur de toutes ces transformations. On les retrouve dans tous les aliments, même s'ils sont peu transformés. On en compte plus de vingt classes, soit des centaines de molécules différentes, répertoriées selon l'effet qu'elles produisent sur les aliments.

Il y a d'abord **les colorants**, couramment utilisés pour renforcer la couleur des produits commercialisés : pour que la mayonnaise industrielle ne soit pas blanche, mais jaune pâle comme une vraie mayo maison ; pour que les saucisses aient une belle teinte rosée ; pour que les cerises confites que l'on trouve dans les cakes soient rouges et non jaune pâle ; pour que les yaourts simplement aromatisés soient colorés comme la pulpe des fruits dont ils ont la saveur...

Les conservateurs sont également largement employés. Leur fonction : prolonger la durée de conservation des aliments en limitant l'action des micro-organismes (bactéries, moisissures...) responsables du pourrissement. Les anti-oxygène jouent le même rôle, en s'opposant à l'oxydation due au contact avec l'air et la lumière.

Les édulcorants, dont nous avons déjà parlé (voir p. 20), sont présents dans nombre d'aliments de saveur sucrée, ainsi que **les arômes artificiels**. Ces derniers sont des molécules chimiques qui copient les molécules naturelles responsables de la saveur, en activant nos récepteurs gustatifs. Ainsi les bonbons aromatisés à la fraise ne contiennent-ils pas une once de fruit, mais uniquement quelques moléculesde synthèse. Dans la même catégorie, **les exhausteurs de goût** renforcent l'odeur des aliments et modifient leur saveur en privilégiant une composante gustative au détriment des autres. C'est le cas du sel, que nous utilisons en cuisine, mais aussi de substances chimiques comme le glutamate de sodium, une substance très allergisante et responsable de multiples intolérances alimentaires, que l'on retrouve pourtant dans de très nombreux aliments industrialisés.

Enfin, **une grande palette d'additifs modifie la texture des aliments** : les émulsifiants stabilisent les mélanges d'ingrédients ; les gélatines animales ou les gélifiants à base d'algues donnent plus de consistance aux produits ; les humectants freinent le dessèchement ; les agents de charge augmentent artificiellement le volume des aliments...

Chacune de ces substances possède un nom codé : un « E » suivi de trois ou quatre chiffres. Une seule obligation pour les industriels : indiquer leur présence sur l'étiquette. **Pourtant, à peine un tiers des additifs alimentaires couramment utilisés ont fait l'objet d'études de non-toxicité sérieuses !** Certains d'entre eux posent déjà des problèmes de santé. Le colorant orangé que l'on trouve dans certaines saucisses (E 161) peut provoquer des problèmes dermatologiques et oculaires. Le E 102 est à l'origine de nombreuses allergies. Pour n'en citer que quelques-uns... Certes, **il ne faut pas faire preuve d'obscurantisme et tout rejeter en bloc**. Certains additifs alimentaires sont totalement dénués de toxicité : gélifiants issus d'algues, pectines, vitamines... C'est le mélange, dans la classification officielle, entre le meilleur et le pire qui rend difficile le jugement des consommateurs non avertis. Sans discernement, ceux-ci oscillent alors entre le « tout noir » (tout est suspect) et le « tout blanc » (il ne faut pas refuser le progrès). **Aujourd'hui, pour rester crédibles, les industriels de l'agroalimentaire devraient développer une communication régulière sur leurs produits, dans une indispensable transparence.**

La digestion et l'assimilation des aliments requièrent de la part de nos organismes des opérations biochimiques complexes. La présence de ces multiples additifs perturbateurs rend leur tâche plus difficile. Le métabolisme global finit par en être affecté, ce qui peut provoquer d'abord des intolérances alimentaires ou des sensations de fatigue chronique, puis à la longue un vrai déséquilibre biologique plus profond.

Trop d'aliments raffinés...

L'une des transformations les plus perturbantes en termes de santé et de régulation du poids est le raffinage des céréales. Depuis des siècles, les céréales ont constitué la base de l'alimentation humaine. Dans les sociétés où la viande est un produit de luxe, l'association céréales et légumineuses apporte aux habitants les acides aminés indispensables à la synthèse des protéines. En Amérique du Sud, on consomme du maïs et des haricots rouges ; en Inde, du riz et des lentilles ; dans les pays du Maghreb, de la graine de blé et des pois chiches...

Les céréales complètes ont une grande valeur nutritionnelle. Elles contiennent des fibres, des minéraux, des oligo-éléments, des vitamines... Tous ces éléments participent à l'assimilation harmonieuse des glucides, leur constituant central. Dans les céréales raffinées, il ne reste plus grand-chose de cette richesse. Leur valeur nutritionnelle est beaucoup plus faible, tandis que leur valeur calorique est plus élevée. Plus important encore : **la disparition de ces substances essentielles modifie radicalement l'assimilation des glucides, qui passent alors beaucoup plus rapidement dans le sang.**

Pour raffiner un produit céréalier, on supprime l'enveloppe qui entoure la graine en frottant celle-ci contre des cônes abrasifs. Or, c'est dans cette enveloppe que sont concentrés la plupart des constituants, hormis les glucides et certaines protéines. Ainsi, dans 100 g de grains de blé intégral on trouve un peu plus de 10 g de fibres, alors qu'il n'en reste plus que 2 après raffinage. Des 33 mg de calcium, il n'en reste que 1,5. Des 4 mg de vitamine B2, il n'en reste que 1. Des 3 mg de vitamine B6, il n'en reste que 0,3... Une fois encore, **au-delà des carences nutritionnelles pointées du doigt par les nutritionnistes et les défenseurs du bio, ces transformations récentes modifient la digestion et l'assimilation de ces aliments, ce qui dérègle notre métabolisme global et l'entraîne vers le surpoids chronique.**

Une nouvelle manière de manger

Ces transformations radicales dans la structure même des aliments ont de nombreuses conséquences sur notre santé. L'aliment du 21e siècle ne se digère pas de la même façon que celui du 19e siècle, puisqu'il n'a plus la même composition. La façon dont nous le métabolisons s'en trouve ainsi modifiée. Son contenu nutritionnel n'est plus le même, car la majeure partie des micronutriments a disparu ; des éléments vitaux dont pourtant nous avons besoin, car leur carence provoque des troubles chroniques. **Non seulement l'aliment du 21e siècle nourrit moins bien (au niveau qualitatif), perturbe la digestion et l'assimilation, mais il peut devenir subtoxique à cause des additifs qu'il contient.**

À ces changements il faut ajouter la transformation de notre manière de manger. Nos repas ne sont plus construits de la même façon. Nous consommons de moins en moins de produits frais. Nous avons abandonné certains plats traditionnels pourtant tout à fait équilibrés... **Cette évolution a des origines sociologiques.** La composition de la cellule familiale a évolué depuis le milieu du 20e siècle. Auparavant, trois générations au moins se côtoyaient au sein de la famille. La transmission du savoir-faire quotidien se faisait à travers ces différentes générations. Aujourd'hui, la cellule familiale est éclatée. Les jeunes adultes vivent souvent loin de leurs parents, les petits-enfants grandissent loin de leurs grands-parents. **La transmission transgénérationnelle ne se fait plus. Nous passons trois fois moins de temps qu'il y a cinquante ans à préparer les repas.** Nous passons également moins de temps à table. Les repas ont été déritualisés. La perte que cela implique au niveau du savoir-faire culinaire est immense.

L'homme a mis dix mille ans pour apprendre, de manière empirique, à tirer le meilleur parti de la nourriture. Nos lointains ancêtres ont peu à peu associé les aliments, les ont laissé fermenter, les ont cuits... Prenez le pain : il est directement issu d'une céréale, le blé. Pourquoi ne la consommons-nous pas telle quelle, comme le riz ou le maïs ? Parce que le blé contient des substances difficiles à métaboliser directement, tels les phytates ou certains types de fibres. Il a fallu que l'on apprenne à moudre le blé, à le mélanger à de l'eau et à laisser fermenter cette pâte pour que se forme le levain, lequel a rendu l'« âme » du blé plus facile à digérer et à métaboliser. Ainsi est né le Pain, dans lequel l'action de fermentations contrôlées modifie la composition initiale du blé. Les premiers hommes qui ont fait cuire du blé ne le savaient pas. Ils ont été forcés de trouver une solution empirique efficace qui leur permette de consommer les céréales qu'ils avaient à leur disposition. **Ainsi, à force de tâtonnements, d'intuitions, d'expérimentation, notre ali-**

mentation s'est structurée au fil des siècles pour devenir une « alimentation-santé ».

Lorsqu'on observe scientifiquement les recettes traditionnelles, on s'aperçoit que les associations alimentaires qui leur ont donné naissance ne sont pas uniquement destinées à la satisfaction des papilles. Elles recèlent une connaissance empirique indéniable. Elles sont le résultat de la transmission ininterrompue d'un savoir qui plante ses racines dans un passé très ancien. **Leur apport nutritionnel est le plus souvent équilibré, et capable de réguler durablement notre métabolisme minceur et notre poids.**

Aujourd'hui, la chaîne a été rompue. Nos nouvelles connaissances approfondies de la structure des aliments nous incitent à raisonner en termes de composants physiques ou chimiques : protéines, glucides, lipides, calories, vitamines... On en arrive à penser qu'un repas n'est satisfaisant que si l'on sort de table avec l'estomac bien rempli... de formules chimiques et diététiques. De temps en temps, on s'offre le luxe d'un moment de convivialité qui comble le cœur de sentiments amicaux et les papilles de sensations gustatives. **Mais la nourriture est devenue avant tout un « objet marketing »** qui nous bombarde de sollicitations permanentes. On en oublie sa fonction première : nous maintenir en vie et en bonne santé.

De la même manière, on fait ses courses au supermarché et l'on choisit le contenu du Caddie en fonction de ce qui « nourrit » pour un prix acceptable quand on n'a pas beaucoup de moyens, de ce qui fait plaisir lorsqu'on gagne davantage d'argent, ou de ce que les enfants réclament, endoctrinés qu'ils sont par les publicités. **Une notion essentielle s'est peu à peu évaporée : les associations alimentaires de santé.**

Les conséquences de ces bouleversements

Ces bouleversements alimentaires ont peu à peu déréglé deux organes essentiels. D'abord, **le pancréas**, qui sécrète principalement de l'insuline. Ensuite, par effet rebond, **le centre de la satiété**, qui se situe dans le cerveau.

Tous deux sont intimement liés. Le taux de sucre dans le sang doit absolument rester le plus stable possible c'est-à-dire contenu dans une fourchette biologique préétablie. Lorsque nous mangeons, le pancréas sécrète de l'insuline chargée de gérer ce taux de sucre. Cette hormone maîtrise le sucre sanguin en excès en le faisant pénétrer dans les cellules. Mais c'est cette même hormone qui ordonne ensuite aux cellules graisseuses de stocker le sucre et les graisses en excès, et de les déstocker uniquement sur son ordre. **L'insuline est donc un élément majeur de la prise, de la perte et de la stabilisation du poids.**

Le sucre, c'est l'un des principaux carburants de nos cellules. C'est notamment le carburant exclusif du système nerveux et du cerveau, qui détestent en manquer. Lorsque le taux de sucre dans le sang est trop bas, le cerveau ordonne immédiatement une prise alimentaire. Il nous donne faim ou envie de manger. Or, le pancréas, déréglé et irrité par l'alimentation moderne, ordonne parfois des sécrétions d'insuline trop rapides, trop fréquentes, anarchiques (d'abord trop fortes, puis pas assez). Le taux de sucre dans le sang n'est plus suffisamment stable. Le cerveau ne peut plus se fier à son fidèle lieutenant. Il envoie à son tour des ordres désordonnés qui provoquent des prises alimentaires inutiles. **Ces fausses faims ne servent qu'à recharger**

l'organisme en calories excédentaires et inutiles, sur ordre d'un cerveau en manque (et donc en souffrance).

L'index insulinique des aliments

Tous les aliments que nous ingérons provoquent une sécrétion d'insuline par le pancréas, plus ou moins importante en fonction de leur composition. C'est ce que l'on appelle l'index glycémique. Même si ce terme est le plus couramment employé, il serait plus juste de parler d'index insulinique, car le mot « glycémique » laisse à penser que seuls les glucides (les sucres) sont capables de déclencher une réponse insulinique. C'est inexact. Tous les aliments ingérés, même dépourvus de sucre, déclenchent une réponse du pancréas. Pour simplifier : **plus un aliment provoque, à quantité égale, une forte sécrétion d'insuline, plus son index insulinique est élevé.**

Cet index insulinique se mesure sur une échelle de 1 à 100 :

– les protéines (viandes, poissons...) et les lipides (matières grasses) ont un index insulinique bas, entre 15 et 40 ;

– les sucres complexes (appelés aussi sucres lents), que l'on trouve dans les céréales peu raffinées, ont un index insulinique moyen, entre 45 et 65 ;

– les sucres rapides (sucreries, pâtisseries, confiture, sodas...) ont un index insulinique élevé, entre 65 et 85.

– le record absolu est détenu par les alcools, dont les sucres transformés pénètrent très rapidement dans le sang ; leur index insulinique avoisine 100.

Le rôle de l'insuline dans le surpoids ne s'arrête pas là.

Cette hormone intervient dans la prise de poids d'une autre façon : non seulement elle participe au stockage de l'excès alimentaire dans les cellules graisseuses, mais en plus, elle en freine le déstockage. Ce que vous mangez sera donc d'autant plus facilement surstocké que votre flux global d'insuline sera déréglé ; et vous aurez d'autant plus de mal à maigrir.

Prenons l'exemple du riz. Le riz complet, riche en nutriments (des minéraux et des vitamines du groupe B), est assimilé lentement car il contient des glucides lents et des fibres. Le riz blanc, débarrassé de nombreux nutriments en même temps que de son enveloppe, est composé de glucides plus rapides car ils ne sont plus freinés par les fibres. Ces glucides passent plus rapidement dans le sang, provoquant un flux plus concentré d'insuline. L'index insulinique du premier est donc plus bas que l'index insulinique du second : environ 45 pour du riz complet contre 55 pour du riz semi-complet, 75 pour du riz blanc, 80 pour du riz gluant et 90 pour du riz blanc précuit ! **Pour la même quantité de nourriture, et pour une ration calorique proche, la sécrétion et le flux d'insuline sont donc très variables selon la composition de l'aliment.**

Ensuite, certains éléments viennent moduler cet index insulinique de base des aliments. D'abord, la cuisson : plus un aliment riche en hydrates de carbone complexes (céréales) ou en glucides (carottes, pommes de terre...) est cuit longtemps, plus les glucides qu'il contient sont « décomposés », et donc facilement utilisables par l'organisme. Ils seront digérés et métabolisés plus rapidement et provoqueront une sécrétion d'insuline plus rapide et plus importante dans la première phase de la digestion.

Hypoglycémie, fausses faims et surpoids

Les aliments contenant des sucres très rapides (sucreries, alcools, sodas...) ou des sucres devenus rapides par les transformations industrielles (féculents et céréales raffinés ou trop cuits) provoquent des flux d'insuline brutaux et violents. Le taux de sucre dans le sang grimpe rapidement. La sécrétion d'insuline suit, légèrement trop forte car le pancréas a été agressé par ce flux sucré brutal. Le taux de sucre redescend alors, sous l'action de cette insuline, jusqu'à un niveau plus bas qu'avant la prise alimentaire (à cause de l'insuline résiduelle), au point de provoquer un « faux manque de sucre » : **une crise d'hypoglycémie**.

C'est ce qui crée les fausses faims dont je parlais précédemment. Ces crises d'hypoglycémie se manifestent par une sensation de lassitude qui peut aller du simple « coup de pompe » à la fatigue intense, proche de l'évanouissement. Le cerveau, alerté par le manque de sucre sanguin, ordonne une prise alimentaire difficile à contenir. On a d'abord envie d'aliments sucrés, puis de n'importe quel produit comestible. Cette faim de sucre atténue rapidement les symptômes, mais provoque une nouvelle sécrétion d'insuline irritante. Et ainsi de suite[1]...

Depuis plusieurs décennies, ce problème est considéré sur un plan strictement alimentaire : « Je fais une crise d'hypoglycémie ; il n'y a pas assez de sucre dans mon sang ; je dois ingérer du sucre ou des aliments sucrés pour que ma

1. Remarquons un effet paradoxal : nombre de personnes présentant à jeun un taux de sucre sanguin inférieur à la normale sont en fait de gros mangeurs de sucre ou d'aliments à index insulinique élevé. Ce taux trop bas est la réponse paradoxale d'un pancréas irrité et fatigué. C'est la première étape du processus qui conduit à court terme au surpoids, à moyen terme à l'obésité et au prédiabète, et à long terme au Syndrome Métabolique.

crise cesse. » Ce faisant, on néglige un élément important : l'impact neurodigestif des crises. **Car ces petites baisses de sucre dans le sang sont toujours vécues par le cerveau comme une agression**, un appel répété à une réaction de survie. Cette agression se répercute sur la sécrétion des neuropeptides cérébraux, des hormones essentielles à la bonne marche du cerveau et responsables, entre autres, de nos états d'âme et de notre humeur. Sont notamment concernées la sérotonine et la dopamine. La sécrétion de ces neurohormones est « sidérée », au sens propre. Elle est perturbée, retardée, déséquilibrée.

Or, la sensation de satiété est liée à la présence harmonieuse et équilibrée de nombreux neuropeptides dans le cerveau. Lorsque celui-ci est en souffrance à cause de l'impact des crises d'hypoglycémie répétées, le centre de la satiété est lui aussi sidéré. Il reste muet alors qu'il lui faudrait s'exprimer. **Aucun message ne vient dès lors interrompre la prise alimentaire, même lorsque le corps n'a plus besoin de nourriture. L'action de la volonté n'a aucune prise à long terme sur ce mécanisme.**

Peu à peu, ce déséquilibre neurohormonal s'étend en dehors des crises d'hypoglycémie avérées. Comme nous consommons des aliments de plus en plus raffinés et riches en sucres rapides, notre pancréas est sans cesse sollicité. Nous subissons des microcrises d'hypoglycémie répétées. Nous ressentons une baisse de tonus et de moral, une vague fatigue, un « coup de barre » ; nous grignotons une barre énergétique ou des viennoiseries pour nous requinquer, ou nous prenons un apéritif accompagné de chips ou de biscuits salés lorsque l'heure du repas approche. Cet apport de glucides rapides (même salés) provoque une nouvelle sécrétion brutale d'insuline, et ainsi de suite… Pendant ce temps, nous ne recevons plus clairement le message cérébral de satiété.

Au contraire, notre cerveau, déboussolé, continue à réclamer de quoi calmer les stress répétés qu'il subit.

Il faut 30 à 40 minutes pour que le centre de la satiété se reconnecte. Si l'on débute un repas en état d'hypoglycémie, on peut donc manger sans limite ou presque, pendant cette durée. Au bout de ce délai, le centre de la satiété retrouve un fonctionnement neurobiologique presque normal. **Mais 90 % des individus terminent leur repas en moins de 30 minutes ! Pendant ce laps de temps, nous mangeons donc sans recevoir de messages limitatifs du cerveau.** Nous nous levons de table et, un quart d'heure plus tard, nous avons soudain l'impression d'avoir trop mangé. C'est le centre de la satiété qui s'est reconnecté... Trop tard !

La volonté n'a rien à voir dans ce processus, même si, lorsqu'on sent l'excès de nourriture peser sur l'estomac, on a tendance à s'adresser des reproches et à se culpabiliser. On s'accuse d'avoir trop mangé et de n'avoir aucune volonté. L'accumulation de ces messages dévalorisants se mue peu à peu en baisse de moral, puis en fatigue nerveuse chronique, voire en déprime (subdépression).

Ces phénomènes de déséquilibre métabolique menant au surpoids sont donc tous liés. Ils s'organisent en cinq étapes :

1) augmentation des index insuliniques de nombreux aliments ;

2) irritation du pancréas et sécrétions d'insuline anarchiques ;

3) crises d'hypoglycémie réactionnelles et augmentation du stress ;

4) déséquilibre du centre de la satiété et fausses faims ;

5) surconsommation incontrôlable d'aliments et accumulation de kilos menant au surpoids.

Rééduquer le centre de la satiété

Heureusement, il est possible (et simple !) de rééduquer à la fois le pancréas et le centre de la satiété. Et ce, uniquement en apprenant à **combiner les aliments entre eux de manière à faire baisser le SLIM-data global de chaque repas**. Cet index, rappelons-le, est calculé principalement à partir de l'index insulinique des aliments (leur faculté à susciter une sécrétion plus ou moins élevée d'insuline) et de leur index enzymatique (leur plus ou moins importante digestibilité, liée à la sécrétion d'une plus ou moins grande quantité et variété d'enzymes digestives). **L'index calorique, quant à lui, n'intervient que de façon minoritaire.**

Voici un exemple simple. Prenez une personne qui a systématiquement un petit creux en fin de matinée. Appelons-la Cécile. Elle emporte au bureau une pomme, afin de ne pas grignoter n'importe quelle friandise. « Une pomme, c'est sain, et ce n'est pas très calorique », se dit-elle. Certes, il n'y a que 80 calories environ dans cette pomme. Mais ce fruit contient aussi beaucoup de sucre qui passe rapidement dans le sang. Comme Cécile a le pancréas déjà irrité par une alimentation trop raffinée et mal organisée, le sucre contenu dans la pomme suffira à provoquer un minipic insulinique réactionnel, lequel entraînera une minicrise d'hypoglycémie. Son centre de la satiété en sera momentanément sidéré. Lorsque Cécile passera à table, moins d'une heure plus tard, elle ne recevra pas à temps les messages de satiété de son cerveau. **Elle mangera au-delà de ses vrais besoins, et l'excès sera facilement stocké.**

Pour éviter ce piège, il suffit que Cécile associe un yaourt à sa pomme. Certes, sa ration calorique sera plus importante : aux 80 calories de la pomme elle ajoutera les 55 calories du yaourt. Mais le yaourt, source de protéines, possède un SLIM-data très bas. Si l'on fait la moyenne entre celui de la pomme (70) et celui du yaourt (30), on ramène le SLIM-data global de l'en-cas à environ 50[1]. La sécrétion d'insuline sera alors maîtrisée et le centre de la satiété ne sera pas sidéré. Au cours du déjeuner, Cécile entendra les messages que lui enverra son cerveau lorsqu'il aura reçu suffisamment de nourriture. L'association des deux aliments aura fait baisser le SLIM-data global de la prise alimentaire et aura sauvé la jeune femme d'une surconsommation calorique inutile lors du repas suivant.

■ *Votre mission minceur : faire baisser le SLIM-data de vos repas*

Voici le vrai secret de cette méthode : le contrôle du SLIM-data global de vos repas suffit à éviter les fausses faims, donc la « surbouffe » et le « surstockage » !

Son principe de base : au cours d'un même repas, associer les aliments de manière à faire baisser le SLIM-data global de l'ensemble. Cela suffit pour réguler rapidement le fonctionnement du pancréas, apaiser les « souffrances » du cerveau et reconnecter le centre de la satiété. Vos prises alimentaires diminuent naturellement sans que vous ayez besoin de vous préoccuper des quantités que vous absor-

1. On entend parfois dire que « les protéines freinent l'absorption des sucres ». En fait, elles diminuent le SLIM-data des aliments auxquels elles sont associées.

bez. Peu à peu, vos cellules graisseuses, libérées du stress métabolique, réveillent leur mémoire-minceur et envoient au cerveau un message régulateur et rééquilibrant. Votre cerveau « recale » alors ce qu'il considérait comme votre poids normal et prend enfin en compte votre surpoids comme un excédent dont il convient de se défaire. Libérés du stress insulinique, les adipocytes se défont plus facilement de leur contenu graisseux pour répondre à vos besoins énergétiques réels. Et la minceur s'installe d'elle-même, grâce à cette rééducation de l'équilibre alimentaire qui agit aux niveaux digestif, cérébral et adipeux. Vous diminuez vous-même votre ration calorique sans stress, ni manque, ni frustration. **Cette méthode agit à l'inverse des régimes classiques. En fait, c'est votre corps qui se remet à fonctionner « au bon régime » !**

Pendant ce temps, vous mettez fin à l'esclavage alimentaire qui vous enfermait dans le cercle vicieux de la culpabilité. Là où les régimes habituels teintent l'humeur de morosité, voire de déprime (subdépression), cette méthode vous libère de ces pressions psychologiques et émotionnelles. Vous renouez avec un tonus à la fois physique et psychique. Vous ne subissez plus de « coup de pompe » ni de « coup de blues ». Votre attention est maintenant focalisée sur le plaisir d'apprendre la bonne manière d'associer les aliments. **Comme aucun aliment n'est formellement interdit (hormis pendant les trois premières semaines) et que vous n'avez pas à surveiller les quantités, vous pouvez renouer avec le plaisir de cuisiner.** Vous pouvez jouer avec les saveurs, les textures, les épices, les aromates... Cuisiner redevient pour vous un acte minceur en même temps qu'un instrument de santé et d'équilibre.

Ce qu'il faut retenir

- Notre nourriture a davantage changé en 50 ans qu'en 50 siècles !
- La plupart des aliments industriels raffinés ont vu leur SLIM-data augmenter, voire exploser.
- Les recettes traditionnelles se perdent au profit de menus anarchiques dont le SLIM-data flambe lui aussi.
- Ces transformations perturbent notre métabolisme, notamment en provoquant des sécrétions d'insuline trop fréquentes et des flux insuliniques inadaptés.
- Cela provoque des minicrises d'hypoglycémie vécues par le cerveau comme une « souffrance ».
- Résultat : notre cerveau déclenche son plan d'urgence en réclamant de la nourriture même lorsqu'il n'en a pas besoin, ce qui perturbe son équilibre global (dérèglement du centre de la satiété, fausses faims irrépressibles).
- Ces fausses faims provoquent une surconsommation calorique incontrôlable, responsable du surpoids.
- Ces déséquilibres neurométaboliques répétés sont responsables de la prise de poids. Le manque de volonté n'y est pour rien. Personne n'est totalement coupable de ses kilos en trop !
- La seule solution minceur durable est le rééquilibrage métabolique global : pancréas, centre de la satiété, tissu adipeux...
- Pour rééquilibrer ces mécanismes, il suffit d'apprendre à mieux connaître les aliments et à les associer de manière à diminuer le SLIM-data global des repas.
- Cela permet de supprimer les crises d'hypoglycémie, de maîtriser les fausses faims, de réguler naturellement l'appétit, de réveiller la mémoire-minceur des cellules graisseuses et de diminuer sans effort les prises alimentaires.
- La perte de poids est rapide, naturelle et durable. Ce n'est plus un but stressant à atteindre, mais une conséquence bienvenue du rééquilibrage métabolique par les SLIM-data.

3

UNE MÉTHODE MINCEUR VALABLE POUR TOUS

Nous nous alimentons aujourd'hui à l'image d'un Européen qui saurait parler une langue orientale et qui voudrait l'écrire, alors même qu'il ne connaît que les lettres de son propre alphabet. Il devrait d'abord apprendre à reconnaître les nouveaux signes, à les nommer et à les assembler. De la même manière, vous allez apprendre à reconnaître le SLIM-data des aliments afin de les assembler de manière juste et cohérente. **Ce SLIM-data est un peu l'alphabet métabolique des aliments.**

Poursuivons la comparaison : la maîtrise de l'alphabet permet d'écrire des milliers de mots, qui seront ensuite utilisés par un scientifique, un poète, un juriste, un commerçant... Chacun fabriquera les mots dont il a besoin et les associera de façon à exprimer sa propre pensée. De même, **chaque personne peut utiliser l'alphabet métabolique des aliments pour créer son propre équilibre alimentaire, en fonction de son âge, de son état de santé, de ses goûts... Et surtout de ses objectifs en termes de poids et de vitalité !**

■ *À chacun « son » problème de surpoids*

Les problèmes de surpoids ne sont pas les mêmes pour tous. Un enfant de 9 ans qui a 7 kg de trop et un adulte qui doit en perdre 25 pour atteindre son poids de forme ne présentent ni les mêmes risques ni le même profil. De même, les régimes courants et les traitements complémentaires ne s'adaptent pas identiquement au premier et au second. Les médecins et les diététiciens classiques leur délivreront des conseils et des prescriptions différents. Il existe également des différences métaboliques entre les kilos que prend une jeune fille à la puberté, une femme à la ménopause, un adolescent qui traverse une crise émotionnelle ou une personne âgée qui ne se nourrit plus que de sucreries.

La méthode SLIM-data s'applique pourtant à tous ces cas de figure, ainsi qu'à beaucoup d'autres. Car quels que soient l'âge et le sexe, il est bon pour le corps, avant tout, de cheminer vers l'équilibre métabolique.

À quelques détails près, les conseils de rééquilibrage de base sont les mêmes. Dans la mesure où il ne s'agit pas d'un régime, mais d'une méthode d'association des aliments (ce qui fait à la fois sa particularité et son avantage), **chacun peut puiser dans le vaste choix d'aliments à notre disposition ceux qui correspondent à ses goûts, à son âge, à ses habitudes**, et apprendre à les associer de façon à diminuer au maximum leur force de stockage.

Hommes et femmes

Autrefois, les candidats à la minceur étaient surtout des femmes, plus soucieuses que les hommes de l'entretien de leur silhouette. Ce n'est plus vrai aujourd'hui. Les hommes ont largement rejoint leurs compagnes dans cette quête. Les uns et les autres ne grossissent pourtant pas de la même façon, et leur excès de poids n'est pas localisé dans les mêmes zones du corps. Les tissus adipeux masculins et féminins ne sont pas identiques. Cependant, cette méthode fait mincir aussi efficacement les hommes que les femmes, car le rééquilibrage organique et cellulaire qu'elle induit agit de la même manière sur les deux sexes.

J'ai néanmoins noté une différence (une seule !) au cours de mes vingt-cinq années d'expérience : lorsqu'il s'agit de personnes ayant plus de 20 kg à perdre, la perte de poids est généralement plus rapide pour un homme que pour une femme (à état de santé équivalent). Il m'arrive aussi de délivrer des conseils complémentaires légèrement différents selon le sexe en ce qui concerne, non pas l'alimentation, mais les pratiques spécifiques que je préconise pour accompagner la perte de poids (voir « Quelques techniques minceur complémentaires », p. 155).

Les personnes en simple surpoids

Lorsqu'on a moins de 10 kg à perdre, il suffit d'adopter cette méthode en étant sérieux (et curieux !) pendant les trois premières semaines. C'est suffisant pour que le pancréas recommence à réguler sans grande difficulté la sécrétion et le flux d'insuline. Le centre de la satiété se rééduque à son tour. La faim et les pulsions alimentaires se calment. **Le corps ne réclame alors que ce dont il a besoin. En même temps que les kilos s'envolent, on gagne en tonus et en sérénité.**

Celles et ceux qui ont accumulé les régimes ont souvent la sensation que leur poids est bloqué. Ils ont de plus en plus de mal à maigrir malgré leurs efforts. C'est que la plupart des régimes, trop restrictifs ou déséquilibrés, rendent le corps « résistant » à la perte de poids. N'oubliez jamais ceci : vos cellules et vos tissus nerveux ont une véritable mémoire pondérale, pour le meilleur comme pour le pire, pour votre juste poids comme pour la somme des privations et des frustrations qui sont à l'origine du surpoids bloqué et de l'effet yo-yo. C'est pour cela que notre organisme devient parfois économe à l'extrême, utilisant très peu d'énergie pour assurer *a minima* les fonctions vitales. À force de subir le stress des privations, l'organisme « se venge » : il bloque les fonctions de déstockage et augmente celles du stockage.

À l'inverse, **la méthode SLIM-data commence par rassurer le corps et le cerveau au lieu de leur faire subir un stress supplémentaire**. Elle permet de faire sauter naturellement tous les « verrous métaboliques » qui bloquent la perte de poids en s'adressant directement à cette précieuse mémoire-minceur des cellules, *via* la rééducation du pancréas, du système digestif et du centre de la satiété.

Les personnes sujettes à un problème d'obésité plus sérieux

Lorsqu'on a plus de 10 kg à perdre (parfois beaucoup plus, hélas), la différence réside seulement dans le temps qui sera nécessaire pour atteindre le juste poids. L'action de la rééducation alimentaire sur le cerveau et le pancréas produit les mêmes effets chez les vrais obèses que chez les personnes en simple surpoids (du moins, tant que des pathologies avérées ne se sont pas greffées sur la prise de poids). **Lorsque la « machine minceur » est lancée, elle ne s'arrête d'elle-même qu'au juste poids.**

Débarrassées de leur culpabilité et du stress du régime, les personnes ayant un vrai problème d'obésité peuvent regarder sereinement leur balance en sachant que leur poids va continuer à descendre régulièrement, sans privations ni carences.

Chez les grands obèses, le poids est généralement associé à des problèmes métaboliques : prédiabète, diabète, excès de cholestérol, hypertension... Si ces troubles sont dus à la prise de poids et s'ils ne sont pas trop anciens, ils s'atténueront naturellement grâce au rééquilibrage alimentaire. S'ils sont concomitants à la prise de poids, **le changement de mode alimentaire provoquera une amélioration et agira en synergie avec les traitements dont il sera possible, à terme, d'adapter la posologie et de diminuer les doses.**

En revanche, certaines pathologies sont parfois à l'origine de la prise de poids, notamment les troubles thyroïdiens, hépatiques, pancréatiques... Dans ce cas, le fait de suivre cette méthode ne suffira pas à résoudre les difficultés biologiques, car nous entrons de plain-pied dans le domaine du surpoids pathologique qui dépasse le cadre de cet ouvrage. Cependant, en harmonisant le métabolisme, elle contribuera à un meilleur état de convalescence, puis de santé, en association avec les traitements adaptés.

Les bébés

Maîtriser un tant soit peu la nutrition du jeune enfant, c'est lui donner les bases d'une vie saine, et surtout lui offrir toutes les chances d'éviter le surpoids et les maladies qui en découlent. Certaines théories scientifiques tendent à donner au surpoids une base essentiellement génétique. Même si un facteur génétique intervient dans la manière dont se déroulent les processus métaboliques et la détermination du juste poids, certaines de ces théories me semblent parfois mal étayées et trop orientées. Certes, de nombreux facteurs génétiques interviennent au niveau de la stature, de la densité corporelle et de la répartition des graisses. Mais personne n'est destiné à devenir obèse ! **La manière de se nourrir intervient toujours de manière prioritaire dans la prise de poids (en dehors du cadre pathologique).** Or, s'il est difficile encore (et même impossible) d'agir sur ces facteurs génétiques, il est plus facile de surveiller sa manière de manger. Et plus les bonnes habitudes nutritionnelles sont prises de bonne heure, mieux elles sont ancrées dans la mémoire de vos cellules. Si vous habituez votre enfant à manger sainement et à respecter naturellement les SLIM-data dès son plus jeune âge, il résistera plus facilement aux innombrables sollicitations marketing de l'industrie agroalimentaire et préférera cette alimentation équilibrée à toute autre. Et ce, toute sa vie.

Il n'existe qu'une seule exception à cette règle : les maladies génétiques graves du nouveau-né, qui dépassent également le cadre de cet ouvrage et ne représentent qu'une part infime des cas de surpoids et d'obésité. Dans tous les autres cas, l'alimentation joue un rôle déterminant dans la prise de poids.

Les bébés viennent au monde avec une alimentation parfaitement adaptée à portée de bouche : le lait qui coule des seins de leur maman. À l'exception de problèmes de santé graves ou de certaines impossibilités techniques, **toutes les femmes peuvent allaiter**. Mesdames, efforcez-vous de dépasser vos craintes : vous pensez peut-être que l'allaitement est douloureux ; qu'il abîme les seins ; qu'il empêche de retrouver rapidement sa ligne… Mais **c'est le plus beau cadeau que vous pouvez offrir à votre bébé**. Aucun doudou, aucune nounou, aucun présent ne peut égaler la richesse émotionnelle et nutritionnelle de cet échange magique. Vous me sentez très enthousiaste, et vous avez raison. Je n'ai jamais fait l'expérience de l'allaitement et pour cause ! Mais j'en ai constaté presque chaque jour les effets bénéfiques à court, à moyen et à long terme. **C'est, pour le bébé, un facteur de développement physique, physiologique, mental, immunitaire et bien sûr émotionnel incomparable.**

Cependant, si cela s'avère difficile ou impossible, et si votre enfant ne supporte pas les laits maternisés courants, commencez par diluer les doses de lait maternisé en poudre dans deux fois la quantité d'eau préconisée. Cela peut suffire pour habituer lentement et en douceur le métabolisme de votre enfant. Si ce n'est pas suffisant, choisissez un lait qui contient un lactose « prédigéré ». Si l'intolérance persiste, donnez au bébé un yaourt de brebis bio, que vous aurez dilué au mixer dans un demi-litre d'eau de source. Ajoutez un peu de sucre et donnez ce mélange au biberon, en fonction de l'âge et de la demande.

Passé les premiers mois, le jeune enfant peut commencer à ingérer d'autres aliments. Mais son système digestif n'est pas prêt à recevoir des aliments cuisinés ou sophistiqués avant l'âge de 7 à 9 mois. Commencez donc par lui donner des produits laitiers demi-écrémés, des jus de fruits frais dilués dans de l'eau, des légumes bouillis ou vapeur réduits en purée (toujours très légèrement salés[1]), puis introduisez progressivement des fruits en compote sans sucre, un peu

1. En effet, ce peu de sel équilibre le potassium et permet une meilleure digestion et une meilleure utilisation de tous les nutriments présents dans les légumes.

de poisson blanc, de poulet ou de viande blanche mixés. **Mais évitez surtout de lui donner trop souvent des farines ou des dérivés de céréales (bouillies).** Certes, ces produits calent son estomac, mais le sommeil qui suit les repas est de mauvaise qualité. Ils sont satisfaisants pour la tranquillité des parents, pas pour le métabolisme des enfants. Les dérivés de céréales sont tout à fait déconseillés avant l'âge de 7 à 8 mois, car les bébés ne possèdent pas les enzymes spécifiques indispensables à leur digestion. **Même les produits portant la mention « malté » et « prédigéré » sont à éviter, car dès la prime enfance, ils font « exploser » le SLIM-data des prises alimentaires.**

Si je vous conseille d'introduire les légumes en purée avant les fruits en compote, c'est à cause de l'appétence naturelle des enfants pour la saveur sucrée. C'est le premier goût que le fœtus perçoit dans le giron maternel. Il continue à l'expérimenter après sa naissance, car le lait maternel est délicatement sucré. Si vous utilisez, pendant quelques semaines, la petite « ruse » que je vous propose, votre enfant aimera les légumes au lieu de les rejeter. Et il gardera ce penchant toute sa vie, pour le plus grand bien de sa santé et de sa ligne. Dans les légumes, je ne fais pas entrer les pommes de terre. Réservez ce féculent, doté d'un fort SLIM-data, pour plus tard : après 12 à 14 mois.

■ *Les enfants*

Entre 7 et 16 mois, continuez à introduire lentement de nouveaux aliments dans ses repas, en évitant toujours les plats cuisinés. Pas de pizzas, de pâtes en sauce cuisinée, ni de grosses portions de crudités avant l'âge de 16 mois. Ensuite, jusqu'à ses 9 ans, les habitudes alimentaires que vous allez lui inculquer vont marquer toute sa vie d'adulte. Préférez un quartier de pomme bio avec la peau, bien lavé et fraîchement découpé, à un biscuit à base de farine industrielle. Préférez un jus de fruits frais coupé d'eau (1/3 de jus pour 2/3 d'eau) à n'importe quelle boisson industrielle. Préférez une compote de fruits sans sucre ajouté (avec un peu de cannelle) ou une tarte aux fruits maison aux desserts industriels. Jusqu'à l'âge de 7 ans, évitez bien sûr les aliments des zones rouge et surtout violette du tableau pratique présenté p. 83.

Si pendant les neuf premières années de sa vie, vous habituez votre enfant à une alimentation de SLIM-data peu élevé (qu'il s'agisse d'aliments à faible SLIM-data ou d'associations permettant de faire baisser le SLIM-data global de ses repas), il courra très peu de risques d'être confronté à des problèmes de surpoids à l'adolescence et à l'âge adulte.

Certes, préparer des repas frais prend du temps. Mais ce n'est pas du temps perdu. Si vous consacrez à l'alimentation de vos enfants votre énergie, votre curiosité et votre amour, vous en serez récompensé lorsque vous le verrez grandir en bonne santé physique et psychique. Vous pouvez bien sûr avoir recours à des aliments industriels de temps en temps, à titre exceptionnel. Dans la méthode que je vous propose, rappelons-le, rien n'est interdit ! Mais essayez de faire le maximum pour ne pas en abuser.

Entendons-nous bien : il ne s'agit pas de devenir excessif, voire sectaire. De nombreuses mamans ont deux métiers : leur activité professionnelle et leur métier de mère, qui est un emploi à plein temps. Leurs journées ne sont pourtant pas plus longues que celles des autres ! La tension qu'elles subissent est donc parfois à la limite du supportable. Dans ce cas, il est conseillé de se tourner vers des solutions industrielles, à condition de bien les choisir : des aliments surgelés simples (tous les légumes, les poissons nature...), faciles et rapides à cuisiner ; des plats tout prêts de qualité choisis en fonction des critères présentés dans le tableau pratique (p. 83)... Ce sont des solutions tout à fait acceptables pour la santé de toute la famille. Cependant, rien ne nous interdit de rêver à un idéal nutritionnel : des produits frais (et bio !) ainsi que le temps nécessaire pour les préparer avec amour... C'est un idéal bien peu compatible avec la vie citadine, mais gardons-le en tête. Il vaut mieux mettre en pratique ces conseils une fois de temps en temps, plutôt que d'abandonner ce rêve !

Certaines personnes sont pressées d'emmener leurs jeunes enfants manger au restaurant ou chez des amis. Là encore, mon expérience m'a appris qu'il vaut mieux être patient. Avant l'âge de 2 ans, préservez-les des choix alimentaires parfois anarchiques que propose notre société d'abondance.

Enfin, à l'âge de l'école, si votre enfant déjeune à la cantine, soyez particulièrement vigilant à l'équilibre, à la qualité et au SLIM-data de ses goûters, de ses repas du soir ainsi que du week-end. **Les règles nutritionnelles que je vous propose s'apprennent si rapidement qu'elles deviennent des réflexes et se conservent ensuite toute la vie.**

■ *Les adolescents*

L'adolescence, c'est l'âge où vos enfants vous échappent. Ils s'opposent aux règles d'éducation que vous leur avez transmises. C'est normal, et même sain sur le plan de leur épanouissement psychologique et émotionnel ! Mais c'est parfois dommage sur le plan de leur épanouissement physique.

Si vous leur avez appris, dès leur plus jeune âge, à maîtriser leur alimentation, le message de leur juste poids sera clairement inscrit dans leurs cellules et leurs écarts nutritionnels n'auront pas trop d'impact. Du moins, tant qu'ils ne durent pas trop longtemps. Et c'est le plus souvent le cas lorsque les enfants ont appris très tôt à gérer leur équilibre alimentaire. Quand ils arrivent à l'adolescence, leur goût est formé. Ils n'aiment pas les boissons très sucrées et les gâteaux industriels, ne raffolent pas des bonbons et des barres chocolatées... Du coup, leur « crise de début de vie adulte » s'exprime assez peu dans le domaine alimentaire.

L'adolescence, c'est aussi l'âge des crises d'hypoglycémie liées à la « malbouffe » et au métabolisme digestif et hormonal qui achève de se construire. Au cours de ces crises, de nombreuses structures nerveuses sont en souffrance et, souvent, le flux de sécrétion des hormones cérébrales (sérotonine, dopamine...) se déséquilibre, ce qui augmente les réactions d'opposition, d'agressivité et de violence. **Dans la mesure où les SLIM-data bas permettent d'éviter nombre de ces crises d'hypoglycémie, les adolescents qui se nourrissent bien traversent cette période délicate dans un tourbillon émotionnel moins violent.** Car l'alimentation a également un rôle important à jouer dans notre équilibre nerveux et l'expression de nos excès émotionnels.

Dans certaines maisons de redressement américaines, on sert aux jeunes pensionnaires des menus à SLIM-data contrôlé afin de réduire la fréquence et l'ampleur de leurs crises d'hypoglycémie, ce qui favorise l'apaisement de leurs tensions et la diminution de leurs explosions de violence.

Ces programmes nutritionnels donnent des résultats comportementaux tout à fait probants. Bien sûr, l'alimentation ne change pas la personnalité des adolescents et ne soigne pas leurs éventuelles névroses. Mais elle permet d'atténuer l'impact relationnel de leur malaise psychique et émotionnel ; et c'est parfois un pas énorme qui facilite une réinsertion réussie.

Les femmes en ménopause ou en préménopause

La ménopause est un passage obligé, progressif, physiologique et naturel dans la vie d'une femme. Elle se manifeste par une modification importante des équilibres hormonaux. Les hormones sexuelles sont les premières touchées : la production de progestérone et d'œstrogènes se tarit peu à peu puis cesse complètement, ou presque. Ces modifications ne sont pas linéaires. Elles prennent le plus souvent la forme d'une courbe sinusoïdale décroissante, ce qui explique que les symptômes ressentis soient changeants. La phase de diminution hormonale est appelée préménopause. Lorsque la production hormonale a cessé, on parle de ménopause avérée.

Pendant la préménopause, la plupart des femmes développent des symptômes divers : bouffées de chaleur, irritabilité… Ces manifestations désagréables sont souvent associées à une prise de poids. La répartition du tissu graisseux se modifie, la graisse migrant depuis les fesses et les hanches (profil gynoïde) vers le ventre (profil androïde).

Parallèlement, le métabolisme des « organes minceur » (foie, pancréas...) se transforme et leur coordination s'affaiblit. Le foie devient plus paresseux, le pancréas plus facilement irritable, les flux insuliniques sont moins bien contrôlés. Le drainage rénal se ralentit ainsi que la circulation lymphatique (deux processus destinés à évacuer les déchets métaboliques). L'organisme se charge plus facilement en toxines. Tous ces éléments favorisent la prise de poids, même si l'on ne modifie son alimentation ni en qualité ni en quantité.

Cependant, dans de nombreux cas, la préménopause et la ménopause s'accompagnent d'une légère modification alimentaire, parfois sournoise. C'est une période inquiétante, fatigante, perturbante. L'image de soi est remise en question. On a peur de ne plus séduire. On doit faire le deuil de sa fonction de procréation... Ces éléments entraînent un déséquilibre, souvent léger, de la discipline physique et alimentaire. On fait moins de sport, on mange un peu plus d'aliments sucrés, rassurants et consolateurs, comme le chocolat ou les gâteaux. Combinés aux modifications hormonales, ces quelques écarts suffisent en général pour que les femmes prennent entre 4 et 7 kg pendant les quelques années que dure le passage de la préménopause à la ménopause avérée.

Face à ces bouleversements intérieurs et intimes, essayez de faire preuve d'une lucidité optimiste. Dans 90 % des cas, il faut accepter de prendre 2 ou 3 kg. S'ils sont bien répartis sur l'ensemble du corps, ils ne modifieront pas votre silhouette. Mais interdisez-vous d'en tolérer davantage. Ne laissez pas l'aiguille de la balance s'affoler au-delà de cette limite. Il n'y a aucune raison pour cela. D'autant que, après la ménopause, vous aurez beaucoup de mal à perdre les kilos en excès, à cause du ralentissement de tous les processus métaboliques.

La méthode alimentaire que je vous propose est un allié très important pour passer en douceur ce cap délicat. Le contrôle du SLIM-data de vos aliments, seuls ou combinés en repas, vous permettra de maîtriser vos minicrises d'hypoglycémie en régulant vos flux insuliniques, ce qui atténuera l'irritabilité, l'agressivité et la déprime caractéristiques de cette période. Dans ce contexte de contrôle métabolique, le dérèglement des organes minceur sera limité et aura beaucoup moins d'impact sur le métabolisme général, freinant la prise de poids. Si vous adoptez cette méthode dès le début de votre préménopause (et même avant !), vous traverserez toutes les phases de votre ménopause avec beaucoup plus de légèreté et de vitalité, physiques et psychiques.

Les seniors

Pour les hommes comme pour les femmes, passé 60 ans. chaque année écoulée entraîne une légère diminution des fonctions d'assimilation. Même si vous vous sentez en forme, nombre de vos processus métaboliques sont en train de ralentir. C'est normal. Même si l'on peut vivre en pleine santé jusqu'à 100 ans et plus, ce ralentissement métabolique entraîne des modifications importantes dans la manière dont votre corps gère la nourriture qu'il reçoit.

D'abord, vos fonctions digestives s'affaiblissent. Votre digestion est plus lente et plus laborieuse. De la même façon, les organes dans leur ensemble ralentissent leur fonctionnement, notamment les organes minceur dont la coordination connaît quelques ratés.

Même les cellules graisseuses, les adipocytes, freinent leur capacité, non pas à stocker de la graisse, mais à la déstocker lorsque votre organisme a besoin d'un surplus d'énergie. Rien d'étonnant, dans ce contexte, à ce que l'âge s'accompagne souvent d'une petite prise de poids sournoise et progressive.

Pour faire face à ce nouveau statut biologique et vieillir dans des conditions optimales, il est nécessaire de surveiller quatre points.

• **D'abord, les « moteurs digestifs ».** Pour qu'ils puissent continuer à fonctionner de manière efficace, vous devez les aider à éviter les carences nutritionnelles (en vitamines, minéraux, oligoéléments...). **Faites une cure d'un complément alimentaire multivitaminé de qualité[1] pendant trois semaines, quatre fois par an (à chaque changement de saison).** Ce complément doit contenir toutes les vitamines existant dans l'alimentation : vitamines A, C, E, D, toutes les vitamines du groupe B (de B1 à B12) et cela aux AJR (apports journaliers recommandés), qui doivent figurer sur l'emballage.

• **Pour éviter que vos organes s'encrassent à cause de la baisse de vos fonctions métaboliques, associez à ce complément un antioxydant de qualité** (qui contiendra, aux AJR, les vitamines E, C, du bêta-carotène, du sélénium, du manganèse et des flavonoïdes). Respectez les conseils d'utilisation liés au produit et abstenez-vous d'augmenter les doses afin de ne pas surcharger votre organisme en l'obligeant à gérer des quantités trop importantes de produit. La mode américaine des « mégadoses » est aujourd'hui

1. Veillez à toujours choisir des produits d'une marque reconnue et vendue par des professionnels. Veillez à ce que le complément alimentaire choisi respecte les AJR, notamment pour le fer, le cuivre, et la vitamine A. Et surtout, demandez conseil à votre pharmacien.

totalement obsolète, abandonnée par les médecins américains eux-mêmes !

• **Plus que jamais, suivez mes conseils nutritionnels et surveillez le SLIM-data de vos repas.** Vous en ressentirez des effets immédiats sur votre ligne, sur votre vitalité, mais aussi sur votre moral et votre humeur. Avec les années, les sécrétions neurocérébrales ralentissent elles aussi, ce qui a pour effet d'affecter l'humeur, parfois jusqu'à la subdépression. Une bonne gestion des SLIM-data permet de favoriser des sécrétions neurohormonales équilibrées, même si elles sont moins importantes.

• **Ajoutez à ce programme diététique la pratique d'une activité physique modérée, adaptée à votre âge :** aquagym ; ski de fond ou promenades en raquettes si vous êtes à la montagne ; vélo d'appartement (le vélo sur route peut parfois s'avérer dangereux) ; stretching ; gym training senior (pour la convivialité !) ; marche (30 minutes par jour)... Faites fonctionner votre cerveau et votre mémoire, ne passez pas une semaine sans faire des mots croisés ou des sudokus, sans jouer aux cartes, au Scrabble, aux échecs ou à tout autre jeu de stratégie ou de mémoire. Et ajoutez à ce programme la pratique d'exercices respiratoires[1]. Vous serez ainsi armé pour voir défiler les années dans des conditions optimales, en ce qui concerne tant votre tonus et votre vitalité que votre humeur et votre moral.

1. Les exercices respiratoires sont le plus souvent simples, et très efficaces. Je vous propose un exercice précis p. 153.

Les personnes qui ont du mal à grossir

En positif comme en négatif, en plus ou en moins, nul n'est jamais complètement satisfait de son sort. Et les personnes très (ou trop) minces désirent souvent reprendre quelques kilos pour étoffer une silhouette trop osseuse, même si leur métabolisme fait des envieux parmi les personnes sujettes au surpoids !

Les unes comme les autres peuvent résoudre leur problème grâce au même maître mot : l'équilibre nutritionnel. Le rééquilibrage métabolique et organique qu'induit cette méthode provoque un réveil de la « mémoire minceur » chez les personnes qui ont du poids à perdre et un réveil de la « mémoire grosseur » chez les personnes trop maigres. En fait, je parle de mémoire-minceur car ce livre s'adresse d'abord à ceux qui désirent perdre du poids. **Mais il aurait été plus exact de parler de « mémoire du juste poids ».** Et pour retrouver ce juste poids, il faut parfois prendre quelques kilos. De l'avis même de ceux qui cherchent à grossir, c'est une entreprise encore plus difficile que de perdre des kilos superflus. En appliquant soigneusement la méthode SLIM-data, en mâchant bien (c'est primordial pour les maigres et fondamental pour les gros) et en adoptant une activité physique régulière mais modérée, il est possible d'atteindre rapidement le résultat escompté.

Ce qu'il faut retenir

• La méthode SLIM-data se « personnalise » d'elle-même en réveillant la mémoire minceur de vos cellules, ancrée en chacun de nous.
• La méthode SLIM-data développe la même efficacité minceur pour les personnes qui ont quelques kilos à perdre que pour les vrais obèses.
• Elle s'applique aux femmes comme aux hommes.
• Elle est efficace à tous les âges : bébés, enfants, adolescents, adultes, seniors.
• Elle s'adapte aux différents âges de la femme, de la puberté à la ménopause.
• Elle aide également les personnes trop maigres à grossir.
• Elle permet de déchiffrer le langage minceur des aliments.
• Elle induit un rééquilibrage métabolique.
• Elle réveille la mémoire du juste poids, un poids qui favorise une meilleure vitalité ainsi qu'une meilleure santé physique et psychique.

4

LA MÉTHODE SLIM-DATA : LES RÈGLES DE BASE

Comme nous venons de le voir, vous pouvez maigrir et stabiliser votre poids sans régime ni privations, en apprenant à associer les aliments et à les cuire de manière à faire baisser le SLIM-data global de vos repas. Mais pour y arriver, il faut d'abord connaître l'index SLIM-data de chaque aliment. À partir de cette information, vous pourrez organiser vos préparations culinaires, vos recettes et vos menus.

Avant d'entrer dans les détails, je voudrais vous rassurer : les explications qui vont suivre sont destinées à vous faire comprendre le fonctionnement de cette méthode. **N'essayez pas de tout retenir. Il suffit de comprendre.** Vous trouverez dans les chapitres suivants un tableau détaillé des index alimentaires ainsi que des explications plus schématiques, mais aussi plus pratiques, qui vous aideront à appliquer les principes de cette méthode au quotidien.

Le tableau des SLIM-data des aliments est composé de plusieurs zones de couleur :

– **une zone verte**, dans laquelle vous trouverez des aliments que vous pouvez consommer « sans modération » ;

– **une zone orange**, dans laquelle vous trouverez des aliments que vous pouvez consommer dès le début du programme, à condition de les associer à des aliments de la zone verte ;

– **une zone rouge**, dans laquelle vous trouverez des aliments à consommer dès la phase 2, à condition de les associer prioritairement à des aliments de la zone verte et plus rarement à ceux de la zone orange ;

– enfin une zone violette, dans laquelle se trouvent les aliments qu'il vaut mieux éviter car ils sont néfastes pour la santé, même en dehors de tout problème de surpoids.

La base de votre programme : les Unités Alimentaires

Pendant toute la durée de votre programme de rééducation métabolique, vous allez raisonner en termes d'Unités Alimentaires (et oublier les calories !).

Une Unité Alimentaire, c'est :

– soit un aliment nature : une pomme, un yaourt, un steak... ;

– soit un aliment assaisonné : une salade à la sauce vinaigrette, des épinards en branche à la crème, des pommes de terre vapeur à l'huile d'olive... ;

– soit un plat : des spaghettis bolognaise, du veau au citron avec du riz, du lapin chasseur avec des pommes vapeur, une côte d'agneau avec des haricots verts...

S'il est simple de déterminer le SLIM-data d'un aliment nature ou légèrement assaisonné, il est plus délicat de calculer celui d'un plat. Tout va dépendre de la manière dont vous le cuisinez : avec plus ou moins de matières grasses, en le cuisant plus ou moins longtemps, en mixant ou non les légumes...

C'est pourquoi, dans le tableau des SLIM-data, nous vous indiquons l'index des principaux aliments nature, celui de certains plats traditionnels (préparés selon la recette classique), mais aussi celui de plats conçus de manière à obtenir un index minceur assez bas. Vous pourrez trouver les recettes correspondant à ces plats minceur p. 221 ainsi que des propositions de menu type p. 274.

Les trois phases de votre programme minceur

Pour rééduquer votre organisme, il faut juste que vous observiez un plan en trois phases. Pendant tout ce temps (et même après), **chaque repas courant est composé de trois Unités Alimentaires, dont une contenant une source de protéines** (aliment suivi du signe ^{P}).

La phase 1 dure trois semaines. Pendant cette période, le SLIM-data de vos repas doit se situer entre 40 et 45. Pour cela, vous devez choisir pour chaque repas, petit déjeuner compris :
• 3 Unités Alimentaires dans la zone verte du tableau,
• ou 2 Unités dans la zone verte et 1 dans la zone orange.
• Choisissez obligatoirement 1 de ces 3 Unités Alimentaires (une seule !) parmi celles suivies d'un ^{P}. Ce signe permet de repérer rapidement les aliments riches en protéines, qui garantissent la nutrition de vos tissus « nobles » (muscles, organes...). Il est toujours déséquilibrant de faire des repas constitués uniquement de protéines, de végétaux ou de céréales.
• Abstenez-vous (seulement pour cette phase) de consommer les aliments de la zone rouge Abstenez-vous

systématiquement de consommer les aliments de la zone violette (les plus nocifs).

La phase 2 dure également trois semaines. Pendant cette période, le SLIM-data de vos repas doit se situer entre 45 et 50. Pour cela, vous pouvez choisir :

- 2 Unités Alimentaires dans la zone orange et 1 dans la zone verte.
- ou toujours 1 menu de la phase 1 si cela vous convient.
- Obligatoirement, pour chaque repas, 1 Unité Alimentaire parmi celles suivies d'un ᴾ.
- 2 fois par semaine (non consécutives) vous pouvez manger 1 Unité de la zone verte, 1 Unité de la zone orange et 1 Unité de la zone rouge.
- Évitez toujours les aliments de la zone violette.

La phase 3 est dite de stabilisation. Elle dure jusqu'à ce que vous ayez atteint votre juste poids. Pendant cette période, le SLIM-data de vos repas doit se situer entre 50 et 55. Pour cela, vous pouvez choisir :

- 1 menu de la phase 1 ou 1 menu de la phase 2.
- 2 fois par semaine (non consécutives) 1 Unité Alimentaire de zone verte et 2 Unités de zone rouge.
- Toujours, pour chaque repas, 1 Unité Alimentaire parmi celles suivies d'un ᴾ.
- Abstenez-vous de consommer les aliments de la zone violette, réellement anti-santé.

Lorsque vous aurez atteint et stabilisé votre poids idéal, vous pourrez prendre un peu plus de liberté avec les associations.

- Une seule combinaison restera toujours à éviter (sauf circonstance exceptionnelle, au maximum une fois par semaine) : 3 Unités choisies dans la zone rouge.

• Vous devrez également éviter de consommer couramment **les aliments de la zone violette car ils sont nocifs pour l'organisme, même en dehors de toute notion d'amincissement**. Contentez-vous de le faire une à deux fois par mois, afin de satisfaire vos éventuelles envies... irrésistibles !
• Vous constaterez rapidement que ces petites restrictions ne constituent pas une privation. Et ce pour une raison simple : vous n'en aurez tout simplement plus envie !

Faites vous-même vos associations

Le système de couleurs que je vous présente dans le tableau qui suit est destiné à vous rendre la tâche facile (c'est le système de classification chromatique SLIM-data). Mais vous pouvez aussi calculer vous-même le SLIM-data global de vos repas à partir des aliments qui les constituent. **Le principe des associations alimentaires suit une règle simple : il suffit de faire la moyenne entre les SLIM-data des différents aliments.**

• Par exemple, si au cours du même repas vous mangez une assiette de crudités assaisonnée à la sauce légère (index 25), un poisson grillé (index 30) accompagné de riz complet aux petits légumes (index 65) et un yaourt aux fruits (index 40), vous faites l'addition des index (25 + 30 + 65 + 40), ce qui donne 160, et vous divisez par le nombre de plats (Unités alimentaires), soit ici 4. Votre repas a donc un SLIM-data global de 40 environ, ce qui est parfait même en phase 1. Ce calcul est destiné à vous expliquer comment fonctionne la méthode. **Pour vous, lectrices et lecteurs, ces calculs ne seront pas nécessaires.** Il vous suffira de composer vos repas en fonction des couleurs des Unités Alimentaires que vous choisirez.

• **Pour calculer le SLIM-data d'un plat que vous cuisinez**, vous procédez de la même manière, à deux détails près. D'abord, vous ne prenez pas en compte certains ingrédients légers d'assaisonnement (voir les conseils de cuisine au chapitre 6, p. 97). Ensuite, vous faites intervenir la cuisson pour les aliments glucidiques : pommes de terre, pâtes, gnocchis, pain, riz, maïs, flocons de céréales, fruits, légumes (hormis les légumes verts).

Assaisonnement : un légume assaisonné avec 1 cuillerée à café d'huile crue pour une personne, ou 2 cuillerées à café rases de crème fraîche pour une personne, ne change pas de SLIM-data. Les aromates et les épices n'affectent pas non plus le SLIM-data d'un plat, pas plus qu'un jus de citron, un trait de sauce de soja, de sauce pimentée ou de vinaigre.

Cuisson : **sachez qu'un légume, que le riz ou qu'un fruit cuit longtemps voit son SLIM-data augmenter d'une couleur** si c'est un fruit, un légume riche en sucre (carottes) ou un aliment essentiellement glucidique comme les pommes de terre ou les pâtes. Ainsi, les carottes crues ont un index de 30, alors que les carottes cuites ont un index de 55 (elles passent de vert à orange).

Préparation : **si vous mixez les légumes ou les fruits pour en faire une purée ou une compote, vous augmentez encore leur SLIM-data** dans les mêmes proportions (une couleur pour les fruits et les légumes riches en glucides). La purée de carottes a donc un SLIM-data de 80 (zone rouge), soit plus du double de celui des carottes crues… Le rééquilibrage minceur dépend donc aussi de la cuisson et de la préparation. C'est une autre clef « secrète » de la minceur durable.

Et les quantités ?

Dans la méthode SLIM-data, ce ne sont plus les quantités d'aliments qui comptent (c'est ce qui en fait la souplesse et l'efficacité durable), mais essentiellement l'équilibre entre les portions qui constituent votre repas. En phase 1, par exemple, le processus de rééducation métabolique ne se mettra pas rapidement en place si vous mangez une très grosse portion d'un aliment de couleur orange, et deux toutes petites portions d'aliments de couleur verte. Mais vous pouvez manger une entrecôte géante si vous y joignez la quantité similaire de légumes vapeur, puis de salade d'agrumes en dessert. Un conseil pour parvenir à l'équilibre : au lieu de dévorer l'entrecôte, puis de vous attaquer aux légumes lorsque vous n'aurez plus faim, mangez un peu de chaque, en alternance, puis arrêtez-vous au premier signe de satiété afin de garder un peu de place pour votre dessert... car rappelez-vous, vous y avez droit ! Les premiers temps, vous serez sans doute très surpris(e) de ne pas avoir à calculer les quantités ou les calories, en pensant : « Ça n'est pas possible, ça ne peut pas marcher ! » C'est parce que tout ce qui générait stress (calculer en permanence) et frustrations (tout ce qui est « bon » est interdit) disparaît de la méthode SLIM-data, qui de ce fait, ne ressemble à aucune autre... tout comme vous, avec vos goûts et vos habitudes.

C'est parti !

Vous voilà prêt à commencer. Ces petits calculs vous semblent compliqués ? Ne vous alarmez pas. On prend vite l'habitude d'évaluer très rapidement (à la louche !) le SLIM-data des plats et des repas. Avec le temps, vous intégrerez complètement ces réflexes minceur et votre intuition reprendra le dessus.

Démarrez par des associations alimentaires simples et surtout testez les recettes que nous vous donnons à partir de la p. 221 pour vous faire la main. Ensuite, vous pourrez laisser aller votre imagination gustative... Cuisiner et concevoir les repas va devenir pour vous un jeu, mais aussi un acte santé et un acte minceur. D'autant que vous pouvez appliquer cette méthode à l'ensemble de la famille. Même si les autres membres n'ont pas de problèmes de poids, ils gagneront en vitalité, en résistance et en sérénité !

Ce qu'il faut retenir

- **Le SLIM-data d'un aliment, d'un plat ou d'un repas exprime son index minceur, c'est-à-dire la force de stockage graisseux qu'il développe.**
- **Cet index est compris entre 0 et 100.**
- **Plus il est bas, plus l'aliment est favorable à la minceur et au réveil de la mémoire cellulaire de votre juste poids.**
- **Plus il est élevé, plus il favorise le stockage et freine le déstockage, s'opposant ainsi à votre objectif minceur.**
- **Les aliments sont classés selon un système de couleurs : ceux de la zone verte ont un SLIM-data compris entre 0 et 35 ; ceux de la zone orange entre 40 et 55 ; ceux de la zone rouge entre 60 et 80.**
- **Les aliments de la zone violette (SLIM-data > 80) sont des aliments antiminceur, et surtout antisanté.**
- **On calcule le SLIM-data d'un plat ou d'un repas en faisant la moyenne des SLIM-data des aliments qui le composent.**
- **Cette méthode minceur se compose de trois phases de 21 jours, au cours desquelles on associe progressivement les aliments des différentes couleurs.**
- **Chaque repas doit toujours comporter une Unité Alimentaire protéinée (signe ^{P}), indispensable pour les tissus nobles du corps (muscles, cerveaux, organes).**
- **Pensez enfin à équilibrer les proportions entre les différentes Unités Alimentaires.**

5
LE GRAND TABLEAU DES SLIM-DATA

Dans ce tableau pratique, vous trouverez la majeure partie des aliments courants, classés par ordre alphabétique et par classe alimentaire (légumes, céréales, fruits, viandes, poissons, condiments, matières grasses, etc.), ainsi que des plats cuisinés légers (dont vous trouverez les recettes dans le chapitre 14, p. 221), ou traditionnels.

Ces aliments sont répartis en quatre zones de couleur :

– les aliments verts (à consommer en toute liberté à toutes les phases de votre rééducation) ;

– les aliments orange (à consommer en association) ;

– les aliments rouges (à consommer avec modération et en association) ;

– les aliments violets (à éviter car ils sont antiminceur et surtout antisanté).

Dans ce livre, vous trouverez un autre tableau, inséré, en couleur. Plus synthétique et schématique, vous pourrez l'accrocher sur votre réfrigérateur ou le glisser dans votre sac, afin d'avoir toujours sous les yeux les informations dont vous avez besoin. En cas de doute, vous pourrez revenir au tableau complet pour vérifier les informations ou retrouver les détails qui vous manquent.

Ce qu'il faut retenir

- Cette méthode repose sur des index minceur (SLIM-data), attribués à chaque aliment, plat, repas ou Unités Alimentaires.
- Plus le SLIM-data d'un repas est faible, plus ce qui a été absorbé favorise la minceur et l'équilibre durable du corps.
- Les aliments de la zone verte sont ceux qui ont le SLIM-data le plus faible (leur consommation est très libre).
- Les aliments de la zone orange ont un SLIM-data moyen (on doit les associer le plus souvent possible à des aliments de la zone verte).
- Les aliments de la zone rouge ont un SLIM-data plus élevé (on doit les associer systématiquement à des aliments de la zone verte).
- Les aliments de la zone violette sont à éviter car ils sont antiminceur et antisanté.
- Vous trouverez inséré dans le livre un tableau résumé détachable que vous pourrez emporter partout avec vous.
- L'expérience montre qu'il faut de 1 à 2 semaines pour que cette méthode devienne un vrai réflexe-minceur jusqu'à atteindre votre juste poids ; et un réflexe-santé pour toute votre vie.

La méthode

Dans la méthode SLIM-data, ce qui compte, ce ne sont plus les quantités d'aliments, ni les calories, mais l'équilibre entre les choix et les portions qui constituent votre repas.

Phase 1 (3 semaines)

■ 3 Unités Alimentaires zone verte du tableau ;
- ou 2 Unités zone verte et 1 zone orange.
• Choisissez obligatoirement 1 de ces 3 Unités Alimentaires parmi celles suivies d'un P.
• Pas d'aliments de la zone rouge et de la zone violette.

Phase 2 (3 semaines)

■ 2 Unités Alimentaires zone orange et 1 zone verte ;
- ou 1 menu de la phase 1.
• Choisissez obligatoirement, pour chaque repas, 1 Unité Alimentaire parmi celles suivies d'un P.
• 2 fois par semaine (non consécutives) vous pouvez manger 1 Unité zone verte, 1 Unité zone orange et 1 Unité zone rouge.
• Évitez toujours les aliments de la zone violette.

Phase 3 (stabilisation, jusqu'à votre juste poids).

■ 1 menu de la phase 1 ou 1 menu de la phase 2.
■ 2 fois par semaine (non consécutives) 1 Unité Alimentaire zone verte et 2 Unités zone rouge.
■ Pour chaque repas, 1 Unité Alimentaire suivie d'un P.
■ Rarement des aliments de la zone violette.

P *Ce signe permet de repérer les aliments riches en protéines.*

ZONE VERTE

Force de stockage faible

À consommer librement

Légumes
Artichauts crus
Artichauts cuits
Asperges crues
Asperges cuites
Aubergines cuites
Blettes cuites
Brocolis crus
Brocolis cuits
Carottes crues
Céleri
Champignons (crus ou cuits)
Chou cru
Chou cuit
Chou de Bruxelles
Chou-fleur cuit
Chou-fleur cru
Concombre
Courgette
Cresson
Échalotes crues
Endives crues
Endives cuites
Épinards crus
Épinards cuits
Fenouil
Germes de soja crus
Germes de soja cuit
Haricots verts frais
Navet cru
Navet cuit
Poireaux
Poivrons (rouges, jaunes ou verts, cuits ou crus)
Pousses de bambou
Radis (roses ou noirs)
Salade verte
Salsifis
Tomates
Topinambours

Fruits frais
Airelles
Cerises
Citron
Clémentines
Coing
Kiwis
Lychees
Mandarines
Orange
Pamplemousse
Tangerine

Fruits secs
Amandes
Noisettes
Noix

Céréales
Seigle en grains
Son d'avoine
Son de blé

Légumineuses et féculents
Tofu de soja [P]
Haricots rouges

Laitages
Fromage blanc nature [P]
Fromages frais (chèvre, brebis, vache) [P]
Lait de brebis [P]
Lait de chèvre [P]
Lait de vache écrémé [P]
Petits-suisses [P]
Yaourt aux fruits [P]
Yaourt de brebis [P]
Yaourt nature [P]

Poissons et crustacés
Caviar [P]
Coquilles Saint-Jacques [P]
Crabe [P]
Crevettes [P]
Écrevisses [P]
Encornets [P]
Homard [P]
Huîtres [P]
Langouste [P]

Langoustines P
Moules P
Œufs de lump P
Palourdes P
Poissons blancs (colin, flétan, sole...) P
Poissons gras (thon, maquereau, hareng, anguilles, saumon frais...) P
Poissons semi-gras (sardines, mulet, anchois frais, rougets...) P
Poulpes P
Prairies P
Surimi P

Viande et œufs
Autruche P
Lapin P
Œuf à la coque P
Toutes les viandes rouges (agneau, bœuf, canard, cheval, mouton...)
Viande blanche (veau) P
Volailles (poulet, pintade, cailles, pigeon...) P

Aliments en conserve
Cœurs de palmier
Crabe au naturel P
Crevettes au naturel P
Haricots verts
Thon au naturel P

Matières grasses
Aucune

Condiments et aromates
Ail
Blanc d'œuf P
Gélatine
Oignon cru
Oseille
Pickles
Piment
Toutes les herbes aromatiques fraîches (basilic, coriandre, ciboulette, aneth...)

Desserts
Aucun

Boissons
Thé et tisanes sans sucre
Toutes les eaux minérales plates

Plats cuisinés
Bouillabaisse
Bouquet de crevettes à la sauce légère (p. 225) P
Crudités variées assaisonnées à la sauce légère (p. 222-224)
Filet de bœuf aux échalotes (p. 239) P
Filet de poisson blanc à la fondue d'épinards frais P
Lapin à la moutarde (p. 236) P
Légumes verts à la vapeur ou à l'étouffée (p. 233-234)
Macédoine de légumes
Marmite de poulet au thé vert (p. 235) P
Pamplemousse aux crevettes à la sauce légère (p. 229) P
Plateau de coquillages (p. 227) P
Poisson blanc vapeur P
Salade d'agrumes (p. 240)
Salade d'épinards frais, champignons et poivrons rouges à la sauce légère (p. 226)
Salade d'oranges à la cannelle (p. 231)
Salade mélangée assaisonnée à la sauce légère (p. 222)
Salades assaisonnées à la vinaigrette légère
Saumon à la vanille et à l'anis étoilé (p. 238) P
Saumon à l'oseille et à la ciboulette (p. 237) P
Soupe à la tomate (sans pommes de terre) (p. 228)
Soupe de fruits rouges au fromage blanc (p. 241) P
Soupe de légumes verts (sans carottes ni pommes de terre)

ZONE ORANGE

Force de stockage moyenne

À consommer librement, mais généralement associés à des aliments de la zone verte

Légumes
Avocat
Betteraves cuites
Choucroute (le chou uniquement)
Échalote cuite
Fèves cuites (fraîches ou sèches)
Fèves fraîches crues
Gombos
Panais
Petits pois frais

Fruits frais
Ananas
Banane verte
Brugnon
Cassis
Fraises
Framboises
Fruits de la passion
Goyave
Grenade
Groseilles
Kakis
Kumquats
Mangue
Melon
Mirabelles
Mûres
Myrtilles
Nectarine
Nèfles
Papaye
Pastèque
Pêches
Poires
Pomme crue
Prunes
Raisin
Rhubarbe

Fruits secs
Pignons
Pistaches
Raisins secs
Noix de cajou
Noix de pécan
Noix du Brésil

Céréales
Boulghour
Céréales de petit déjeuner sans sucre ni matière grasse (de type All Bran)
Couscous (la graine seule)
Farine (de blé, de froment, de sarrazin)
Flocons d'épeautre
Orge
Pain au levain semi-complet ou complet
Pain au son
Pain aux céréales
Pain de campagne au levain
Pain de seigle
Pâtes à la farine complète, *al dente*
Pâtes alimentaires, *al dente*
Riz complet (riz brun)
Seigle
Semoule de blé fine

Légumineuses et féculents
Fève sèches
Flageolets frais ou secs
Haricots blancs
Igname
Lentilles
Pois chiches frais ou secs

Laitages
Fromages à pâte cuite [P]
Fromage blanc aux fruits ou aromatisé [P]
Lait de vache demi-écrémé [P]

Poissons et crustacés
Œufs de saumon [P]
Œufs de truite [P]
Poisson pané [P]

Viandes et œufs
Abats (foie, cœur, tripes, langue, ris de veau, rognons...) [P]

Andouillette P
Boudin blanc P
Foie gras d'oie ou de canard P
Gibier (biche, cerf, sanglier...) P
Jambon blanc dégraissé P
Œufs durs P

Conserves
Choucroute garnie (avec peu de charcuterie) P
Flageolets
Maïs
Maquereaux au vin blanc P
Petits pois
Pois chiches
Sardines à la tomate P
Thon à la tomate P

Matières grasses (1re pression à froid)
Huile d'olive crue
Huile de tournesol crue
Huile de sésame crue
Huile de carthame crue

Condiments et aromates
Bouillon de viande en tablettes (sans glutamate)
Cornichons et légumes au vinaigre
Moutarde
Oignons cuits
Olives vertes
Préparation pour bouillon de poisson (sans glutamate)
Sauce de soja naturelle
Vanille en gousse

Desserts
Crêpe nature
Gâteau de riz maison (très légèrement sucré au sucre complet ou au fructose) P
Gaufre nature
Glace au yaourt
Milk-shake aux fruits et non sucré
Sorbet

Boissons
Café sans sucre
Eaux minérales aromatisées sans sucre
Eaux minérales gazeuses
Jus d'orange frais
Jus de légumes
Jus de tomate
Vin rouge de qualité (un verre coupé d'eau par repas)

Plats cuisinés
Avocats aux poires (p. 242)
Blanquette de veau à l'ancienne (p. 253) P
Bricks au fromage frais (p. 246) P
Cannellonis
Chich kebab
Club sandwich (pain complet, fromage à pâte cuite, salade, tomate...) (p. 247) P
Compote de pomme (sans sucre)
Couscous au poulet (p. 251) P
Döner kebab
Galette de blé
Guacamole
Hachis parmentier
Moussaka
Œufs au jambon P (p. 243)
Œufs en gelée P (p. 244)
Pan bagnat
Panini bœuf aux oignons
Panini poulet mozarella
Panini tomate mozarella
Pâtes à la bolognaise, *al dente* (p. 250) P,
Pâtes *al dente* aux petits légumes
Pâtes complètes *al dente* au basilic (p. 248)
Pizza fine (pâte fine, légumes, jambon et fromage frais) (p. 245) P
Pizza aux fruits frais
Poisson pané aux épinards frais P
Ratatouille
Riz brun au lait (p. 255) P
Rouleau de printemps
Sandwich poulet crudités
Sandwich thon crudités
Sauté de veau aux haricots blancs (p. 252) P
Taboulé
Tacos
Tajine de poulet aux petits pois et aux fèves (p. 249) P
Tortillas

ZONE ROUGE

Force de stockage assez forte

À toujours associer avec des aliments de la zone verte

Légumes
Carottes cuites
Carottes en purée
Citrouille cuite
Courge cuite
Potiron cuit
Purée de légumes
Soupe de légumes avec pommes de terre

Fruits frais
Abricots
Bananes mûres
Châtaignes
Figues
Pommes cuites

Fruits secs
Abricots secs
Cacahuètes
Dattes
Figues sèches
Pâte d'amande
Pruneaux

Céréales et légumineuses
Biscottes complètes
Biscuits apéritifs
Blé précuit
Couscous précuit
Crackers complets
Feuilles de brick cuites au four
Feuilles de brick frites
Feuilles de riz (pour les rouleaux de printemps crus)
Feuilles de riz frites (nems)
Flocons d'avoine
Galettes de riz soufflé
Gressins
Muesli
Pain azyme
Pain blanc
Pain brioché artisanal
Pain brioché industriel
Pain de campagne à la levure
Pain de mie blanc
Pain de mie complet
Pain polaire
Polenta (à la semoule, à la farine de maïs ou à la farine de châtaigne)
Riz blanc
Viennoiseries artisanales

Légumineuses et féculents
Millet
Patates douces
Pois cassés
Pommes de terre cuites à l'eau
Pommes de terre en purée
Pommes de terre frites maison

Laitages
Fromages fermentés (camembert, bleu, etc.) [P]
Fromages fondus à tartiner [P]
Fromages fondus pour croque-monsieur ou hamburger [P]
Lait de vache entier [P]

Poissons et crustacés
Tarama [P]

Viandes et oeufs
Bacon [P]
Jambon cru [P]
Merguez [P]
Œufs brouillés [P]
Œufs frits au plat [P]
Pâtés et terrines [P]
Porc [P]
Rillettes [P]
Saucisse de Francfort artisanale [P]
Saucisse de Strasbourg artisanale [P]
Saucisse [P]
Saucisson [P]

Conserves
Cassoulet [P]
Fruits au sirop
Harengs à l'huile [P]
Haricots blancs
Haricots blancs à la tomate
Lentilles
Œufs de poisson (caviar, œufs de saumon, œufs de lump...) [P]
Poissons fumés (saumon, truite) [P]
Sardines à l'huile [P]
Tapenade
Thon à l'huile [P]

Matières grasses
Beurre frais
Crème fraîche
Graisse d'oie ou de canard
Graisse de palme
Huile d'arachide
Huile de maïs
Huile de pépins de raisin
Mayonnaise industrielle
Mayonnaise maison

Condiments et aromates
Chapelure
Ketchup de qualité (sans additifs)
Moutarde aromatisée sucrée
Olives noires
Tablettes de bouillon de viande avec glutamate
Vin rouge (1/2 verre, pour préparer un plat)
Vinaigre

Desserts
Barres chocolatées
Beignet maison
Brownie
Cake au fruits
Chocolat au lait
Chocolat noir
Confitures
Crème brûlée
Crème chantilly
Crème de marrons
Crème dessert industrielle
Crème dessert maison (légèrement sucrée au sucre complet ou au fructose) P
Crêpe au sucre ou à la confiture
Flan industriel P
Flanc maison P (légèrement sucré au sucre complet ou au fructose)
Gâteau de riz maison
Gaufre à la chantilly
Gaufre au sucre ou à la confiture
Glace au lait
Loukoum
Madeleine aux œufs
Miel
Milk-shake industriel
Muffin
Nutella
Pain d'épice
Pâte chocolatée
Pâtisserie maison (à la farine complète, légèrement sucrée au sucre complet ou au fructose)
Pâtisseries industrielles
Sirop d'érable
Sucre roux
Sucre complet (cassonade)
Tiramisu

Boissons
Alcools de grains secs (whisky, vodka)
Café sucré
Champagne
Chocolat instantané préparé à l'eau
Chocolat instantané préparé au lait
Eaux minérales aromatisées très sucrées
Jus de fruits frais
Jus de fruits industriels
Soda *light*
Sodas sucrés
Thé et tisanes sucrés
Vin rouge et vin blanc de qualité

Plats cuisinés
Bricks à l'œuf (cuits à l'huile) P
Carottes sautées à l'ail et au persil
Cassoulet (recette traditionnelle) P
Choucroute garnie (recette traditionnelle, avec charcuterie)
Choucroute garnie (recette traditionnelle, mais peu de charcuterie) P
Croque-monsieur
Gratin dauphinois
Hot-dog P
Nem frit
Panini chèvre lardons P
Panini jambon emmental P
Panini trois fromages P
Pâtes *al dente* à la carbonara (recette normale) P
Petits fours salés
Pommes de terre frites
Purée de carottes
Purée de pommes de terre au fromage blanc et au son d'avoine
Quiche lorraine (recette traditionnelle) P
Raviolis
Salade de fruits exotiques (bananes, mangues, papayes...)
Sandwich au saucisson ou au pâté P
Sandwich chèvre bacon P
Sandwich jambon beurre P
Soufflé au fromage P
Soupe au potimarron

ZONE VIOLETTE

Force de stockage forte

À éviter (pas plus de 2 fois par mois)

Fruits secs
Cacahuètes
Amandes fumées et salées

Céréales
Baguette blanche industrielle
Biscottes blanches
Biscuits salés et fumés chimiquement
Céréales sucrées, raffinées industrielles de petit déjeuner
Corn-flakes sucrés
Crackers blancs
Petits pains suédois
Riz blanc précuit
Riz soufflé
Viennoiseries industrielles

Légumineuses et féculents
Chips
Chips aromatisées
Chips fumées

Viandes et œufs
Charcuterie industrielle [P]
Saucisse de Francfort industrielle [P]
Saucisse de Strasbourg industrielle [P]

Matières grasses
Beurre de cacahuète

Aromates et condiments
Tablettes de bouillons chimiques
Ketchup
Sauce soja (avec conservateurs et additifs)
Sauces industrielles avec conservateurs et colorants, sucre et glutamate

Desserts
Bonbons industriels chimiques
Gâteaux industriels
Sucre blanc

Boissons
Alcools de fruits
Apéritifs
Bière
Liqueurs
Sirops de fruits
Sodas et colas
Vins cuits

Plats cuisinés
Petits fours sucrés

Programme minceur SLIM-data®

Plan en 3 phases. Chaque repas courant est composé de 3 SLIM-data, dont 1 contenant une source de protéines.

PHASE 1

3 semaines

Petit déjeuner

❑❑❑ 3 SLIM-data zone verte
— ou ❑❑ 2 SLIM-data zone verte + ❑ 1 SLIM-data zone orange.
Obligatoirement 1 SLIM-data (1 seul !) **P** *Protéines*
Pas de zone rouge. Pas de zone violette.

Exemples

Petit déjeuner 1 :
1 thé ou 1 café sans sucre
1 yaourt allégé **P**
1 kiwi
2 cuil. à soupe de son d'avoine (à mélanger au yaourt)

Petit déjeuner 2 :
1 thé ou 1 café sans sucre
50 g de fromage de chèvre frais **P**
1 petite tranche de pain au levain semi-complet
1 poignée de cerises

Déjeuner

❑❑❑ 3 SLIM-data zone verte
— ou ❑❑ 2 SLIM-data zone verte + ❑ 1 SLIM-data zone orange.
Obligatoirement 1 SLIM-data (1 seul !) **P** *Protéines*
Pas de zone rouge. Pas de zone violette.

Exemples

Déjeuner 1 :
1 salade de tomates au basilic
et au fromage de chèvre **P** frais
1 steak haché **P** (5% de matières grasses) grillé
Endives braisées
2 ou 3 clémentines

Déjeuner 2 :
1 assiette de crudités à la sauce légère (recettes p. 222-224)
1 lapin **P** à la moutarde (recette p. 236)
1 petite portion de pâtes complètes cuites *al dente*
1 yaourt allégé

Dîner

❑❑❑ 3 SLIM-data zone verte
— ou ❑❑ 2 SLIM-data zone verte + ❑ 1 SLIM-data zone orange.
Obligatoirement 1 SLIM-data (1 seul !) **P** *Protéines*
Pas de zone rouge. Pas de zone violette.

Exemples

Dîner 1 :
1 salade d'épinards frais, champignons et poivrons rouges (recette p. 226)
1 blanc de poulet **P** rôti sans la peau
1 ratatouille
1 soupe de fruits rouges au fromage blanc **P** (recette p. 241)

Dîner 2 :
1 pizza fine (recette p. 245)
Légumes vapeur à la sauce légère (recettes p. 222-224)
Fromage blanc **P** aux agrumes

Programme minceur SLIM-data®

Plan en 3 phases. Chaque repas courant est composé de 3 SLIM-data, dont 1 contenant une source de protéines.

PHASE 2

3 semaines

Petit déjeuner

❒❒ 1 SLIM-data zone verte + ❒❒ 2 SLIM-data zone orange
— ou 1 *menu* de la phase 1 (❒❒❒ 3 VERT **ou** ❒❒ 2 VERT + ❒ 1 ORANGE)
Obligatoirement 1 SLIM-data **P** *Protéines pour chaque repas*
Pas de zone rouge. Pas de zone violette.

Exemples

Petit déjeuner 1 :
1 thé, 1 infusion ou 1 café sans sucre
1 yaourt entier **P**
2 tranches d'ananas frais
1 tranche de pain complet au levain

Petit déjeuner 2 :
1 thé, 1 infusion ou 1 café sans sucre
1 œuf **P** à la coque
1 tranche de pain complet au levain
1 morceau de fromage **P** à pâte cuite (genre comté ou emmental)
1 orange (entière ou pressée)

Déjeuner

❒❒ 1 SLIM-data zone verte + ❒❒ 2 SLIM-data zone orange
— ou 1 *menu* de la phase 1 (❒❒❒ 3 VERT **ou** ❒❒ 2 VERT + ❒ 1 ORANGE)
Obligatoirement 1 SLIM-data **P** *Protéines pour chaque repas*
Pas de zone rouge. Pas de zone violette.

Exemples

Déjeuner 1 :
Carottes râpées sauce légère (recettes p. 222-224)
Œufs au jambon **P** (recette p. 243)
Légumes à l'étouffée
1 tranche de pain complet au levain
1/2 melon farci de framboises

Déjeuner 2 :
Salade de riz (avec tomates, crabe **P** au naturel, cubes d'ananas, poivron vert et sauce légère)
Légumes à l'étouffée (recette p. 234)
Salade d'oranges aux noisettes et aux noix

Dîner

❒❒ 1 SLIM-data zone verte + ❒❒ 2 SLIM-data zone orange
— ou 1 *menu* de la phase 1 (❒❒❒ 3 VERT **ou** ❒❒ 2 VERT + ❒ 1 ORANGE)
Obligatoirement 1 SLIM-data **P** *Protéines pour chaque repas*
Pas de zone rouge. Pas de zone violette.

Exemples

Dîner 1 :
Potage de légumes verts (avec 1 carotte)
Pâtes à la bolognaise **P** (recette p. 250)
Salade de fruits de saison

Dîner 2 :
Avocat aux poires (p. 242)
Plateau de coquillages **P** (recette p. 227)
1 verre de bon vin blanc

2 fois par semaine (non consécutives) :
❒ 1 SLIM-data zone verte + ❒ 1 SLIM-data zone orange + ❒ 1 SLIM-data zone rouge
Pas de zone violette.

Programme minceur SLIM-data®

Plan en 3 phases. Chaque repas courant est composé de 3 SLIM-data, dont 1 contenant une source de protéines.

PHASE 3

Stabilisation jusqu'au juste poids

Petit déjeuner

❒ 1 *menu* de la PHASE 1 (❒❒❒ 3 VERT **ou** ❒❒ 2 VERT + ❒ 1 ORANGE)
— ou 1 *menu* de la phase 2 (❒❒ 2 VERT + ❒❒ 2 ORANGE)
Obligatoirement 1 SLIM-data **P** *Protéines pour chaque repas*
Pas de zone rouge. Pas de zone violette.

Exemples

Petit déjeuner 1 :
1 thé, 1 infusion ou 1 café sans sucre
1 yaourt **P** aux fruits
1 tranche de pain complet au levain
avec 1 cuil. à café de miel ou de confiture
1 orange pressée

Petit déjeuner 2 :
1 thé, 1 infusion ou 1 café sans sucre
1 œuf **P** à la coque
2 tranches de pain complet au levain avec 1 mince couche de beurre frais
1 petit bol de fromage blanc **P** + 1 cuil. à café de miel ou
2 cuil. à soupe de compote de fruits

Déjeuner

❒ 1 *menu* de la PHASE 1 (❒❒❒ 3 VERT **ou** ❒❒ 2 VERT + ❒ 1 ORANGE)
— ou 1 *menu* de la phase 2 (❒❒ 2 VERT + ❒❒ 2 ORANGE)
Obligatoirement 1 SLIM-data **P** *Protéines pour chaque repas*
Pas de zone rouge. Pas de zone violette.

Exemples

Déjeuner 1 :
Soupe de potiron
1 tranche de gigot d'agneau **P**
Flageolets
1 yaourt aux fruits

Déjeuner 2 :
1 tranche de foie gras de canard **P** + 1 tranche de pain complet
au levain + 1 figue pochée
1 filet de poisson **P** en papillote
Courgettes sautées à l'ail et aux herbes fraîches
Pommes au four à la cannelle

Dîner

❒ 1 *menu* de la PHASE 1 (❒❒❒ 3 VERT **ou** ❒❒ 2 VERT + ❒ 1 ORANGE)
— ou 1 *menu* de la phase 2 (❒❒ 2 VERT + ❒❒ 2 ORANGE)
Obligatoirement 1 SLIM-data **P** *Protéines pour chaque repas*
Pas de zone rouge. Pas de zone violette.

Exemples

Dîner 1 :
1 tranche de saumon **P** fumé
1 tranche de pain complet au levain
1 cuil. de crème fraîche à l'aneth
4 grosses crevettes **P** sautées avec très peu d'huile
1 petit bol de riz brun aux oignons rouges
Salade de fraises, kiwis et bananes vertes

Dîner 2 :
Soupe à l'oignon + 1 tranche de pain complet
au levain grillé et du fromage râpé
Œufs en gelée **P** (recette p. 244)
1 pomme râpée dans 1 bol de fromage blanc **P**,
avec 2 cuil. à café de miel et de la cannelle

2 fois par semaine (non consécutives) :
❒ 1 SLIM-data zone verte + ❒❒ 2 SLIM-data zone rouge
Obligatoirement 1 SLIM-data **P** *Protéines pour chaque repas*
Pas de zone violette.

6

COMMENT APPLIQUER LA MÉTHODE SLIM-DATA À LA MAISON

Savez-vous dans quelles régions on compte le plus faible taux d'obésité en Italie ? Dans les zones rurales, où la cellule familiale a été préservée et où les *mammas* cuisinent encore la *pasta al dente*. La faible cuisson des pâtes et la composition traditionnelle des repas sont responsables de cette particularité : **les pâtes peu cuites ont un SLIM-data plus bas que les pâtes très cuites** ; elles sont généralement accompagnées de tomates fraîches et d'aromates ; on leur associe des légumes et du fromage très riche en protéines comme le parmesan. Les desserts sont faits de fruits frais ou de tartes maison peu sucrées. Cela montre bien l'importance que revêtent la composition et la préparation des repas pour l'équilibre nutritionnel et la ligne de toute la famille.

La méthode que je vous propose peut s'intégrer, sans efforts, à votre vie quotidienne. **Au début, il vous faudra juste faire attention aux associations d'aliments, aux temps de cuisson, aux assaisonnements...** Au fil des semaines, vous prendrez de nouvelles habitudes alimentaires dont vous ne pourrez plus vous passer.

Mais d'abord, voici quelques conseils pratiques pour vous aider à faire vos premiers pas. À la maison, pour commencer, puisque c'est là que l'on prend généralement la majeure partie des repas. Vous trouverez p. 221 des idées de recettes et des menus types puis, p. 274, d'autres conseils portant sur la façon de suivre les principes de cette méthode lorsque vous êtes à l'extérieur (chez des amis, au restaurant...). Mais c'est chez vous qu'il vous sera le plus facile d'organiser vos repas et de préparer vos plats, en respectant le SLIM-data global dont vous avez besoin, selon la phase minceur dans laquelle vous vous trouvez (1, 2 ou 3).

Quelques aliments particuliers

Le pain

Le choix du pain est particulièrement important si l'on veut contrôler le SLIM-data des repas. Le pain, c'est l'apport en céréales historique du monde occidental. L'homme a réussi à créer cette recette il y a plusieurs millénaires, après de multiples tâtonnements. On trouve la trace de la préparation du pain dans les papyrus égyptiens, plus de mille ans avant Moïse ! Le pain a permis de tirer le meilleur parti de la céréale de référence de l'alimentation occidentale : le blé.

Cette céréale est particulièrement intéressante au niveau nutritionnel, car elle est très riche en fibres, en vitamines, en oligoéléments, en amidon et en protéines végétales de qualité (gluten). Pourtant, dans des temps reculés, les hommes se sont aperçus que la digestion du blé, même réduit en poudre et cuit, était difficile et provoquait des troubles de la digestion et de l'assimilation. Ils ont donc cherché un moyen de profiter de la richesse nutritionnelle du blé en contournant ces inconvénients. C'est ainsi qu'est née une magnifique intuition humaine : la panification. Son principe : la fermentation d'un morceau de pâte brute (farine + eau + sel) donne naissance à un nouvel aliment fermenté, le levain ; si l'on incorpore ce levain à la pâte à pain de base, il « prédigère » ce qui était indigeste et valorise les nutriments présents dans la farine de blé.

Le pain ainsi réalisé est un aliment aux vertus nutritionnelles exceptionnelles, à condition qu'il soit préparé dans le respect de la recette traditionnelle : de la farine de qualité (complète ou semi-complète), de l'eau de qualité (non chlorée et pas trop calcaire), du sel de qualité, du levain traditionnel, un temps de repos et de fermentation suffisant ainsi qu'une cuisson lente. Un tel pain possède un SLIM-data « bienveillant » pour le corps (entre 50 et 55) tout en étant très digeste.

Cet apport équilibré en hydrates de carbone, protéines, fibres et nutriments essentiels s'associe à merveille avec toutes les combinaisons alimentaires et les plats traditionnels, à l'exception des plats déjà très riches en hydrates de carbone (pâtes, pizza, purée de pommes de terre...). **Il faut donc consiérer le pain au levain comme un aliment à part entière, qui vient compléter ou équilibrer un menu global.**

Hélas, depuis la seconde moitié du 20e siècle, on considère le pain comme un accompagnement accessoire. Du coup, on néglige sa qualité. **Or, si le bon pain est bon pour la santé, le mauvais pain est mauvais pour la santé... et pour la ligne !**

On parle de pain complet, semi-complet, blanc ou enrichi en son... Ces appellations s'appuient uniquement sur la qualité de la farine utilisée. Bien sûr, plus la farine est complète, plus les nutriments essentiels pour notre santé sont présents (fibres, vitamines du groupe B, magnésium, etc.). Cependant, au fil des millénaires, notre système digestif a perdu une partie de sa force vitale ancestrale. Nous ne possédons plus les mêmes capacités de digestion qu'il y a mille ans et les farines trop complètes irritent notre tube digestif, déjà malmené par le stress[1]. Nous devons, là encore, nous adapter aux aliments de notre époque, mais aussi aux capacités digestives et métaboliques de notre époque[2]. **L'idéal est donc de manger du pain préparé avec une farine semi-complète de bonne qualité. Mais là n'est pas le plus important. L'essentiel est de consommer du pain préparé avec du levain.**

Le levain n'est pas seulement l'apanage des écologistes ou des partisans du bio ! Il devrait être l'ingrédient central du pain et la référence de tous les boulangers respectueux de leur métier. C'est le levain qui, incorporé à la pâte puis mélangé longuement, « prédigère » toutes les substances nutritives indigestes pour l'homme et favorise l'éclosion de multiples nutriments essentiels pour la digestion et le système nerveux. La levure chimique fait, elle aussi, lever le pain, mais dans d'autres conditions. Le levain modifie l'équilibre bactérien de la pâte, et ces bactéries la font gonfler en même temps qu'elles transforment les nutriments. La levure se contente de produire artificiellement du gaz, mais n'exerce aucune action valorisante sur les nutriments.

Le passage du levain à la levure est l'une des plus grandes régressions alimentaires du 20e siècle. **Car, au-delà de la perte nutritionnelle, le « sous-pain » moderne devient à la longue toxique**, en premier lieu pour notre pancréas

1. À cause de l'affaiblissement progressif de nos forces digestives (stress, médicaments, pollution…), nous avons parfois du mal à supporter la farine complète.

2. La farine semi-complète semble mieux convenir aux organismes du 21e siècle. Elle constitue un parfait « juste milieu » nutritionnel.

et notre flore bactérienne digestive. Ce qui aggrave encore un contexte général favorable au surpoids. Que penser des machines à pain, très à la mode ? La machine à pain est aux ordres de celui qui l'utilise : elle fait du pain au levain si on inclut du levain à la pâte de la veille. Pour bien faire fonctionner ce genre de machine, il est donc indispensable de se procurer un livre sur le sujet.

La vitesse de cuisson du pain est également très importante, bien que ce soit un élément beaucoup plus difficile à contrôler. Plus un pain est cuit lentement, plus il développe arômes et vertus nutritionnelles. Plus il est cuit rapidement, plus il transforme négativement ses hydrates de carbone en augmentant son SLIM-data.

Essayez de choisir les boulangeries qui proposent du pain au levain cuit au feu de bois (très rares), au gaz (moins rares) ou à l'électricité avec chaleur tournante (de plus en plus nombreuses). Je ne suis pas favorable à la position extrême de certaines associations sectaires, qui proposent des pains à la farine ultracomplète, au levain ultrafermenté, à la cuisson très longue mais parfois incomplète car effectuée à une température insuffisante. Ces recettes donnent naissance à un pain compact et lourd, tout aussi déséquilibrant pour le système digestif que son opposé 100 % raffiné.

Un bon pain se reconnaît à sa couleur brun doré, à sa croûte craquante et odorante, à sa mie très souple et aérée, contenant de nombreux petits trous et non des « cavernes » comme le pain blanc, qui est parfois « soufflé » dans des machines de cuisson ultrarapides. Un bon pain se conserve plus de trois jours dans une panière ou dans un sac en papier (pas en plastique car il ramollirait et moisirait). Il possède en bouche un goût changeant, avec une légère acidité au départ qui se transforme en nuance suave et met ainsi en relief les saveurs des aliments qu'il accompagne.

Côté forme, choisissez plutôt des pains intermédiaires entre la baguette (qui sèche trop vite) et la très grosse boule (qu'on ne finit jamais). Préférez la forme des pains dits « de campagne » (allongés et trois fois plus épais qu'une baguette) ou les boules et pavés de taille raisonnable.

En règle générale, mieux vaut un pain blanc de qualité préparé au levain qu'un pain complet ou semi-complet préparé à la levure. Cependant, durant votre phase de rééducation métabolique, essayez de trouver du pain semi-complet préparé au levain, car c'est celui qui possède le SLIM-data le plus bas.

Certains pains blancs préparés à la levure sont agrémentés de divers ingrédients gustatifs (graines de sésame, pavot ou tournesol, noix, raisins secs, olives...) qui leur donnent un peu de goût supplémentaire. Mais, très souvent, cette saveur ne fait que masquer leur vacuité nutritionnelle. Attention aussi aux pains traditionnels locaux agrémentés à la sauce marketing (fougasses, pognes, pompes à l'huile...). Ces spécialités nécessitent elles aussi de la farine de qualité et du levain, ce qui est rarement le cas lorsqu'elles sont produites de manière industrielle. Le mélange d'huile ou de beurre avec de la farine blanche sans levain produit dans l'estomac une « pâtée » collante, très difficile à digérer, ayant un SLIM-data record anti-minceur.

Enfin, ne vous laissez pas abuser par les pains enrichis en son. Les fibres brutes du son, non fermentées, sont très irritantes pour l'intestin, surtout si le pain est préparé à la levure. Un pain semi-complet au levain n'a pas besoin d'être enrichi en son, puisqu'il en contient. Si vous avez un transit paresseux (voir chap. « Cellulite et ventre rond », p. 187) et que vous devez enrichir votre régime alimentaire en fibres, choisissez du vrai pain au levain et prenez en plus matin et soir 1 cuillerée à café de son d'avoine ou de son de blé micronisé[1] (très doux pour le tube digestif) que vous mélangerez à un demi-yaourt, à du fromage blanc ou à de la compote de fruits (sauf banane) sans sucre ajouté.

Une dernière idée reçue : les biscottes. Au fil des dernières décennies, elles sont peu à peu devenues le « pain des régimes », une sorte de symbole minceur. C'est une idée fausse et dangereuse pour l'équilibre alimentaire. Les biscottes, crackers et autres pains suédois sont issus de dérivés de la farine de blé préparés sans aucune fermentation ayant subi une cuisson très violente. Leur SLIM-data est au-dessus de 80 ! C'est un aliment antiminceur par excellence.

Les jus de fruits

Mes patients abandonnent généralement rapidement les sodas, colas et autres limonades, car ils comprennent bien que 14 morceaux de sucre (au moins) dans un litre de boisson, c'est trop ! Ils proposent alors de consommer les mêmes boissons gazeuses, mais light, ou décaféinées pour les colas. Bien sûr, c'est un moindre mal pour ce qui est de l'index calorique. Mais il faut de nombreuses substances chimiques (arômes, édulcorants…) pour imiter le goût initial de ces boissons. Ces manipulations donnent naissance à des produits hybrides qui trompent les sens, les schémas biologiques et l'équilibre du corps (voir p. 20). Souvent, les patients proposent alors de remplacer ces ersatz, dont ils sentent bien le caractère antisanté et antiminceur, par des jus de fruits. Même si c'est un produit naturel, un jus de

1. Produits que vous trouverez en pharmacie, parapharmacie et magasins de diététique.

fruits (fût-il de bonne qualité, et même bio) reste une boisson très riche en sucre, au SLIM-data très élevé. Ainsi, les jus de fruits purs ne sont pas vraiment compatibles avec la phase 1 de rééducation métabolique, si vous en buvez de grandes quantités et surtout en dehors des repas.

Un grand verre de jus de pomme contient le sucre de deux grosses pommes. Si vous en buvez un litre, c'est le sucre de huit à dix grosses pommes que vous absorbez ! C'est presque la quantité de sucre qu'il vous faut pour tenir une journée. **Pour diminuer cet apport glucidique, coupez votre jus de fruits : 1/3 de jus, 2/3 d'eau.** Vous obtiendrez une boisson bien plus désaltérante, qui respecte davantage les index minceur : un verre de jus de pomme pur a un SLIM-data de 85-90 ; coupé d'eau, celui-ci descend à 55-60. Essayez : il ne faut pas plus de 3 à 5 jours pour s'habituer aux jus de fruits « adoucis » et en apprécier toute la saveur.

Les édulcorants

Soyez prudents avec les édulcorants. Certes, ils constituent une aide précieuse pour les grands gourmands qui ne peuvent se passer de saveur sucrée. Ils leur permettent de ne pas subir en permanence la frustration de la privation (la douce caresse gustative du sucré nous rappelle le sein maternel), sans pour autant nuire au poids ni au SLIM-data des prises alimentaires. Cependant, cette jolie médaille possède un revers moins séduisant. D'abord, les récepteurs gustatifs sont trompés par cette saveur qui n'est pas associée aux nutriments naturels correspondants. Même en l'absence de vrai sucre, le cerveau déclenche une microréponse insulinique à la saveur sucrée (voir p. 49), qui fausse le métabolisme et peut aggraver le déséquilibre pancréatique préexistant. Ensuite, il ne faut pas oublier que la non-toxicité de ces produits de substitution (aspartam, cyclamate...) n'a jamais été totalement démontrée. Les études sur leur toxicité ont été stoppées aux États-Unis au moment de leur commercialisation et leurs conclusions et synthèses n'ont jamais été communiquées. Ces édulcorants font actuellement l'objet d'une demande de complément d'enquête par la communauté scientifique.

Une seule chose est sûre : **si toxicité il y a, elle se voit renforcée par la chaleur**. N'absorbez pas d'édulcorants tous les jours. Limitez votre consommation aux moments où vous avez une grande envie de sucre. Évitez de les utiliser pour préparer des desserts cuits (pâtisseries, entremets...) et n'ajoutez pas d'édulcorants dans des boissons très chaudes ; attendez que votre thé, café ou tisane soit tiède. Évitez également de boire des sodas aux édulcorants en dehors des repas, car les additifs chimiques perturbent alors davantage votre équilibre.

Les gâteaux industriels

Très souvent, les gâteaux et biscuits industriels sont préparés avec de la graisse de palme ou diverses margarines à la place du beurre. Mais cela pose un vrai problème diététique. La graisse de palme (issue de climats très chauds) et la majeure partie des margarines industrielles ont des points de fusion[1] et des processus de digestion

1. Le point de fusion est la température que le corps humain doit atteindre pour rendre ces graisses « liquides », et donc digestes.

incompatibles avec nos climats. Elles sont très indigestes et, bien que végétales, elles ont une influence négative sur le taux de cholestérol. **À quantités égales, il vaut mieux consommer des graisses animales semi-saturées (beurre cru, crème fraîche...) que des graisses végétales presque totalement saturées (graisses de palme, graisses hydrogénées, margarines, etc.).**

Les produits à base de soja

La vente de ces produits, portée par un phénomène de mode, a explosé en Europe et aux États-Unis depuis une vingtaine d'années. Ils sont considérés comme une alternative aux produits laitiers pour les personnes ayant un excès de cholestérol[1], étant allergiques au lait ou simplement en quête de minceur. Pourtant **le soja, en tant qu'aliment protéiné de remplacement, est un non-sens alimentaire pour les Occidentaux.**

Un parallèle peut être fait avec le pain : les Occidentaux ont mis des siècles pour trouver la recette idéale permettant, grâce à la panification qui transforme le blé, de consommer sans risque cette céréale de référence ; les Orientaux ont mis des siècles pour mettre au point la méthode de consommation idéale de leur légumineuse de référence, le soja. Le soja en lui-même, cuisiné nature, est presque toxique car il

1. Même si ce n'est pas vraiment notre sujet, rappelons que le cholestérol n'est pas une graisse, mais un ester d'alcool. Il n'est pas seulement un ennemi à abattre, mais un précurseur indispensable de toutes nos hormones. Ce n'est pas seulement l'excès de cholestérol qui peut poser des problèmes : le plus important à surveiller est le taux de triglycérides et celui de certaines enzymes spécifiques.

renferme des substances que l'organisme ne peut que difficilement métaboliser. Les Orientaux ont donc développé des moyens de transformation, par l'intermédiaire de processus de fermentation et de cuisson, capables de neutraliser ces substances difficilement assimilables. Ils ont ainsi créé le tofu, les pâtes de soja fermenté (*miso*) et les sauces de soja fermenté (*soyu*). Or, ce n'est pas sous cette forme que nous consommons le soja le plus souvent en Occident. **Les produits les plus répandus sont le lait et les yaourts de soja, deux appellations « marketing » tout à fait erronées.** Le « lait de soja » n'a rien à voir avec du lait. On le prépare en faisant tremper des graines de soja dans de l'eau, puis en faisant cuire le tout et en le mixant pour obtenir un liquide épais et opaque. Boire du lait de soja non fermenté, non transformé, entraîne chez la majorité des Européens ballonnements, mauvaise digestion, mauvaise haleine, troubles intestinaux (diarrhées ou constipations)...

Les yaourts de soja sont fabriqués à partir de « lait de soja » auquel on ajoute des épaississants et des gélifiants pour en modifier la consistance, ainsi que des fruits pour en masquer le goût fade. Cela relève du même non-sens nutritionnel. Le terme « yaourt au lait de soja » donne l'impression qu'il s'agit, comme pour le yaourt traditionnel, d'un produit issu d'un processus de fermentation. Ce n'est pas le cas. Même si certaines marques introduisent des bactéries dans leurs préparations, elles ne peuvent fermenter le soja ! D'ailleurs, cette terminologie n'est plus tolérée par la législation. En effet, on parle maintenant de « préparation à base de soja ».

Dans ces circonstances, vous pouvez imaginer ce que je pense des produits à base de soja utilisés comme substituts du lait maternel ou du lait de vache, pour les bébés et les jeunes enfants ayant une vraie intolérance au lait de la mère (ce qui est rare) ou aux laits maternisés couramment commercialisés. Encore une fois, je ne recommanderai jamais assez aux jeunes mamans d'oser allaiter. Les bienfaits de l'allaitement maternel sont infinis, tant sur le plan nutritionnel qu'immunitaire et émotionnel.

Résistez à la mode du lait de soja ! Au Japon et en Chine, le lait de soja ne sert qu'à préparer le tofu. **Le lait animal et le lait de soja n'ont que leur couleur en commun. Aucune comparaison nutritionnelle n'est possible.** Cette confusion relève d'un abus de langage et d'une apparence trompeuse. Certes, le soja est riche en protéines, mais ces protéines ne sont pas assimilables directement par l'organisme car, comme toutes les protéines végétales, elles sont incomplètes. Il faudrait donc associer le soja à un autre aliment protéiné pour obtenir tous les acides aminés nécessaires à la synthèse des protéines. Le soja ne contient pas de graisses saturées (les yaourts à 0 % non plus !), mais il ne contient presque pas non plus de graisses insaturées essentielles, ce qui est bien dommage pour l'équilibre nutritionnel des adultes et le développement cérébral des nouveau-nés.

Vous jugez peut-être ma position ferme et restrictive. C'est vrai. Mais le soja en lui-même n'est pas en cause. Cet aliment a de très grandes qualités nutritionnelles quand on respecte ses modes de préparation et de consommation originaux, ancestraux. Il a hélas été détourné de sa vraie nature par l'utilisation incorrecte que nous en faisons. **Seuls les plats à base de tofu sont excellents et nourrissants.** Vous pouvez mélanger le tofu à des légumes, du poisson, d'autres céréales, des soupes... C'est un ingrédient culinaire agréable, tout à fait compatible avec la santé et la minceur.

Les laitages et les fromages

Dans leur immense majorité, les laitages ont un SLIM-data très faible. Cependant, quelques remarques s'imposent ; elles sont davantage le fruit de mes observations que de données scientifiques. Rappelons d'abord que le lait pur n'est pas une boisson adaptée à l'adulte ni à l'adolescent : 75 % à 80 % des Européens (exception faite des pays nordiques) perdent dès l'âge de 7 à 9 ans une enzyme, la lactase, essentielle à la digestion du sucre du lait, le lactose. C'est pourquoi le lait pur entraîne souvent des problèmes digestifs (ballonnements, lourdeur, gaz, diarrhées...). De plus, des études ont montré qu'il reste toujours dans le lait des « fragments hormonaux » inutilisables par l'homme, potentiellement source d'allergies croisées chez les grands consommateurs. Si vous aimez le lait, que vous le digérez bien et que vous n'avez pas de terrain allergique, vous pouvez en consommer à condition de le choisir demi-écrémé (ou sans lactose) et de n'en prendre que de petites quantités.

Dans les yaourts et les fromages blancs, le problème du lactose disparaît, car cette substance est prédigérée par la fermentation. Ne tombez pas dans le piège du light (voir p. 210). Il serait dommage de vous priver de la saveur incomparable des yaourts entiers pour éviter quelques grammes de matières grasses. **Cependant, pendant les phases 1 et 2 de la méthode SLIM-data, préférez les yaourts de brebis, plus faciles à digérer et à métaboliser.**

Les fromages soulèvent mon enthousiasme. Au pays de l'alchimie culinaire, nous disposons d'une grande variété de fromages uniques, aux goûts magiques. Le fromage est un aliment très complet : associé à une tranche de pain au levain et à un verre de bon vin rouge, il constitue un vrai repas équilibré. Mais attention : pendant les deux premières phases de cette méthode, préférez les fromages frais, les fromages de brebis et les tommes. Les fromages très affinés et fermentés sont réservés à la phase de stabilisation.

Ma seule réserve : les pâtes à tartiner et les fromages fondus. Ce sont des agglomérats de plusieurs sortes de fromages, chauffés moulés et souvent enveloppés dans de l'aluminium. Leur durée de conservation (plusieurs semaines) en dit long sur leur stabilité moléculaire, et donc sur les manipulations nécessaires à la fabrication de ces fromages déshumanisés. Évitez-les le plus possible.

Enfin, le beurre et la crème fraîche ne sont pas des aliments antirégime, à condition de ne pas en abuser et de les utiliser « en conscience ». Là encore, évitez les produits light et choisissez-les de qualité.

Le vin

C'est toujours avec émotion que je parle du vin, que je considère non pas simplement comme un alcool (même si certaines personnes psychologiquement fragiles ou trop jeunes peuvent en faire un usage immodéré) mais comme un aliment à part entière[1]. Une fois encore, l'homme a mis plusieurs siècles pour trouver la « recette » idéale permettant de transformer un fruit en un nectar aux vertus nutritives, digestives et protectrices reconnues. Et comme toujours, **c'est la qualité, la quantité et le mode d'assimilation qui**

1. Une seule restriction absolue : les femmes enceintes ne doivent pas consommer d'alcool, fût-ce du vin. Les modifications métaboliques liées à la grossesse fragilisent le pancréas et le foie de certaines femmes qui, alors, transforment mal l'alcool (même absorbé en quantité minime) ; ce qui peut s'avérer directement toxique pour leur bébé.

font toute la différence. Cependant, il est indispensable de faire prioritairement attention à la qualité du vin que vous consommez. Comme le pain, **le bon vin est bon pour la santé, alors que le mauvais vin est mauvais pour la santé.**

Les critères d'un bon vin sont très variés. On peut reconnaître certains crus et les acheter les yeux fermés grâce à leur notoriété. Mais il existe aussi de nombreux crus moins connus et non classés qui sont excellents. À vous de les découvrir. Ma préférence va aux vins de Bordeaux, aux côtes-de-provence légers (bandols, cassis...), puis aux bourgognes légers[1].

Sur le plan nutritionnel, le vin rouge est le meilleur pour la santé. Il est suivi de près par le vin blanc, puis par le rosé à condition qu'il soit de qualité et produit de manière naturelle, ce qui n'est pas toujours le cas. Certains vins rosés (et même blancs, ainsi que plus récemment rouges) sont obtenus par des ajouts de produits chimiques au cours de la vinification. Ils sont à fuir.

Tant en termes de santé que de perte de poids, vous pouvez (en dehors de la phase 1 de cette méthode) boire un verre de bon vin[2] au milieu de chaque repas. **Ne buvez pas de vin à jeun, car son SLIM-data ne serait pas modulé par la présence des autres aliments.** Et ne buvez pas de vin le soir si vous prenez votre repas après 21 heures, car vous le stockeriez immédiatement.

Les personnes qui aiment la saveur du vin mais ne le supportent pas bien (maux de tête, difficultés digestives...)

1. Ayant beaucoup de respect pour les bons vins, je suis désolé de ne pas pouvoir, ici, développer davantage ce chapitre. Reportez-vous aux ouvrages et aux sites Internet spécialisés. La France compte des centaines de producteurs merveilleux... Et, là encore, la qualité est directement liée à la valeur humaine de celui qui produit.

2. Un verre représente 20 cl pour un homme, et 15 cl pour une femme.

peuvent le diluer à raison de 1/3 de vin et 2/3 d'eau de source. Cette utilisation n'a rien d'un sacrilège ! Le vin a été consommé de cette façon pendant des millénaires, parfois même assaisonné de miel et d'épices !

L'eau

Les eaux ont des compositions minérales parfois très différentes, mais aucune n'est vraiment déséquilibrante pour l'organisme. **L'eau agit davantage par ce qu'elle draine hors de l'organisme que par ce qu'elle apporte au corps.** Je n'ai rien contre les eaux riches en magnésium, en calcium, en lithium… Mais n'oublions pas que les minéraux dissous dans l'eau sont en grande partie solides (donc peu assimilables) et pour une faible part seulement ionisés (donc assimilables). **Cette remarque ne concerne pas les eaux jaillissantes consommées directement à la source** (Vichy, Vittel, Évian, Volvic…), qui ont des propriétés ioniques, drainantes et antioxydantes bien différentes.

Essayez simplement de ne pas boire régulièrement des eaux trop minéralisées. Choisissez plutôt des eaux ayant une résistivité élevée (peu de minéraux dissous) et un coefficient d'oxydation faible. Comme le sang a une résistivité élevée, il vaut mieux consommer des eaux compatibles avec cette caractéristique. Or, les eaux très riches en minéraux ont une résistivité faible, ce qui induit à la longue un léger déséquilibre. **Pour vous repérer, lisez attentivement les étiquettes et choisissez si possible une eau ayant un pH inférieur à 7,2**, un taux de sodium inférieur à 20 mg par litre et un « résidu à sec à 180°degrés » inférieur à 350 mg par litre.

Cependant, il ne faut pas aller trop loin dans la déminéralisation de l'eau. Aux États-Unis, il est devenu *in* de boire, dans le cadre de régimes amincissants, une eau à très forte résistivité : l'eau distillée. C'est un non-sens nutritionnel ! L'eau distillée est morte au niveau ionique. Elle est dangereuse pour la santé, car elle peut déséquilibrer et nuire aux processus de filtration (très sensibles) de nos reins. Réservez-la définitivement pour désaltérer... vos fers à repasser !

Mes eaux minérales préférées : Mont Roucous, Volvic, Évian, Vittel, Contrexéville... **Je conseille généralement à mes patients de consommer les trois premières en alternance.** Les eaux gazeuses donnent la sensation d'être plus goûteuses, car elles excitent les papilles et les récepteurs gustatifs. Elles donnent également l'impression d'être plus désaltérantes et ont la réputation de favoriser la digestion. C'est une assertion qui n'est pas totalement vraie. Ces eaux entravent « mécaniquement » le contact des aliments avec la paroi de l'estomac, ce qui provoque chez beaucoup de patients ballonnements et éructations. Les eaux gazeuses ne sont pas à mes yeux de vraies « eaux santé », « eaux performance » ou « eaux minceur ». Elles peuvent être consommées de temps à autre, pour le plaisir, mais elles retardent plus qu'elles ne favorisent l'équilibre minceur.

En règle générale, je conseille de boire 6 grands verres d'eau par jour (jusqu'à 8 pour les hommes au-dessus de 90 kg). Compte non tenu, bien sûr, des efforts intenses ou des fortes chaleurs qui demandent une compensation hydrique supplémentaire. Au Danemark, en hiver, 4 verres d'eau par jour peuvent suffire, alors qu'au Sénégal, en été, plus de 10 sont parfois nécessaires.

L'important est de respecter un rythme et des règles. **Arrêtez de boire une demi-heure avant les repas** (vous n'aurez jamais soif si vous n'avez pas oublié de boire avant).

Pendant le repas, contentez-vous d'un verre d'eau standard (20 cl) en plus ou, éventuellement, d'un verre de vin. Buvez cette quantité de liquide par petites gorgées. **Votre dernière bouchée avalée, abstenez-vous de boire pendant une heure à une heure et demie,** afin de ne pas diluer les sucs digestifs dans l'estomac, ce qui affaiblirait leur travail. **Tout ce qui affaiblit la digestion fortifie le stockage. C'est donc également une règle minceur.**

Passé ce délai, vous pouvez recommencer à boire régulièrement. L'eau bue dans le courant de la journée doit l'être, si vous le pouvez, par petites gorgées. Et jamais glacée : juste fraîche en été et à température ambiante le reste de l'année.

Thé, café et tisanes

Le café est un tonique et un « digestif » intéressant dont je ne nie pas les qualités. Cependant, ceux qui veulent retrouver au plus vite leur juste poids doivent le consommer avec modération, car la caféine qu'il contient agit sur trois organes clés : le cerveau, le foie et le pancréas. Au niveau cérébral, il améliore la concentration et le tonus psychique. Mais ces performances augmentent en même temps que... la sensibilité au stress et aux angoisses du quotidien ! À la longue, cet excès de stress peut perturber la flore et les enzymes digestives, ce qui ralentit la digestion et, donc, favorise le stockage.

Le café agit également sur le duo foie/pancréas : il provoque un relargage ponctuel du glucose provisoirement stocké dans le foie (le glycogène), ce qui entraîne une réaction insulinique du pancréas « à vide ». C'est du plus mauvais effet lorsque vous avez l'intention de recommencer à dialoguer en douceur avec ces deux organes pour contrôler votre poids !

Si vous ne pouvez vraiment pas vous passer de café, essayez, pendant les phases 1 et 2 de cette méthode, de réduire votre consommation à 2 tasses par jour, avec au maximum 1/2 sucre (mais pas d'édulcorant) : l'une à la fin du petit déjeuner, l'autre à la fin du repas de midi. N'en prenez jamais entre les repas, ni le soir. J'ai constaté à de multiples reprises qu'**il est très difficile de faire maigrir durablement les gros consommateurs de café** (5 à 10 tasses par jour), car on ne parvient pas à stabiliser leur flux insulinique.

Le thé, quant à lui, est riche en théine. Ce qui produit les mêmes effets que la caféine. Certes, elle est présente en quantité moindre, mais les amateurs de thé en consomment souvent de grandes quantités. Alors essayez de boire du thé léger (mais pas sans goût !). Voici un « truc » efficace : faites infuser d'abord le sachet de thé dans une tasse d'eau bouillante pendant une minute, puis jetez ce premier thé et préparez une seconde tasse avec ce même sachet en laissant infuser trois minutes.

Les thés verts ont bien sûr ma préférence, car ils sont très riches en micronutriments (notamment des antioxydants) et pauvres en théine. Mais attention aux excès : si vous en buvez trop, vous risquez des problèmes de digestion, des irritations intestinales et une mauvaise assimilation de certains nutriments (fer, cuivre, magnésium...).

Enfin, les tisanes. Elles ont toujours eu la faveur du monde médical comme celle de nos grands-mères. Anis, verveine, fenouil, menthe, cumin, tilleul, camomille, mélisse... Que de noms qui fleurent bon le naturel, le bien-être et la santé ! Mais là comme ailleurs, pour profiter de leurs bienfaits il faut suivre quelques règles : versez l'eau bouillante sur les plantes, puis laissez infuser trois minutes et refroidir sept minutes avant de consommer, sans sucre ou très légèrement sucré (1 morceau de sucre brun ou une cuillerée à café de miel). Attention : les tisanes trop chaudes favorisent les gastrites.

Ces tisanes peuvent remplacer les 6 à 8 verres d'eau quotidiens nécessaires. Elles peuvent accompagner vos repas, à condition de ne pas en prendre plus d'une tasse. **Il serait dommage de rendre une tisane « indigeste », simplement parce qu'une trop grande quantité de liquide a noyé vos sucs digestifs !**

Vous pouvez varier les tisanes courantes selon vos goûts et vos envies. J'ai toutefois quelques plantes minceur préférées. En début de programme, pendant les trois premières semaines, l'idéal est le fenouil (graines ou branches, p. 163). Cette plante alcalinise, purifie et rééquilibre la flore digestive. En outre, elle chasse la mauvaise haleine. C'est la reine des tisanes pour l'accompagnement minceur. Viennent ensuite l'anis vert ou étoilé, la mélisse, la mauve, le cumin… Le mélange anis étoilé + mélisse + mauve est souverain pour les personnes qui souffrent de colites. La mélisse améliore également la digestion et régule le sommeil… N'hésitez pas à puiser dans le réservoir de nos plantes traditionnelles, vous y trouverez des trésors !

■ *Quelques conseils minceur pour faire vos courses*

• **Si vous le pouvez, faites vos courses après avoir pris votre petit déjeuner ou votre déjeuner.** Évitez de vous promener au marché ou dans les rayons du supermarché lorsque vous avez l'estomac vide. Vous limiterez ainsi les tentations inutiles. Cela vous aidera à mieux organiser vos courses et à éviter les achats superflus ou compulsifs. Ce sera autant de gagné pour votre minceur, votre santé et... votre porte-monnaie !

• **Dans la mesure de vos moyens, misez sur la qualité des produits** (vin, pain, fromages, légumes, volailles...). C'est un « plus », car ils sont bien mieux assimilés et digérés.

• **Essayez de limiter au maximum les produits industrialisés.** Mieux vaut acheter du bon pain chez le boulanger que des biscottes ou des crackers. Si vous n'avez pas le temps de faire vos courses plus d'une fois par semaine, achetez des produits frais pour les trois premiers jours (viande, légumes, poisson, fruits...) et prévoyez de quoi cuisiner facilement pour le reste de la semaine : légumes non assaisonnés, purées, potages, poissons, pâtes complètes, œufs, laitages, conserves de poisson (saumon, thon, sardines...).

• **Les produits surgelés sont une bonne solution,** à condition de préférer les aliments à cuisiner aux plats tout préparés. Vous trouverez dans les rayons surgelé des supermarchés des légumes épluchés, nettoyés, découpés, réduits en purée, prêts à être cuisinés. C'est un gain de temps considérable, et ces légumes ne contiennent pas d'additifs. Les poissons surgelés se cuisinent le plus souvent sans décongélation préalable, ce qui fait aussi gagner du temps, d'autant qu'ils sont nettoyés, écaillés, épluchés et découpés en filets. La viande, en revanche, doit parfois être décongelée ; il faut donc penser à la sortir du congélateur la veille au soir pour le déjeuner ou le matin pour le dîner.

• **Petit à petit, essayez de prendre l'habitude d'éliminer de vos achats tous les aliments de la zone violette :** alcools forts, confiseries, pain blanc, cacahuètes, biscuits apéritifs… (voir p. 92). **Ils sont vraiment nocifs pour votre santé**, même en dehors de toute considération pondérale. Et le meilleur moyen de ne pas être tenté d'en déguster, c'est de s'abstenir d'en acheter !

• **Faites en sorte d'avoir toujours dans votre réfrigérateur et dans vos placards quelques aliments santé rapides à préparer,** afin de ne pas céder à la tentation de la pizza conditionnée sous vide le jour où vous êtes pressé ou fatigué. Par exemple :
– du bon pain au levain ;
– des tomates cerises ;
– un concombre et des carottes à découper en bâtonnets ;
– un pied de céleri ou des bulbes de fenouil ;
– des yaourts nature et aux fruits ;
– du fromage blanc nature ;
– du jambon blanc, découenné et dégraissé ;
– du poulet rôti froid ;
– des herbes : basilic, menthe, coriandre, persil… (fraîches ou surgelées) ;
– quelques tranches de saumon ou de truite fumée ;
– des crevettes cuites ;
– quelques œufs frais ;
– du fromage de chèvre ou de brebis frais ;
– quelques citrons ;
– de la sauce de soja ;

– de la sauce piquante (recette naturelle) ;
– des épices (gingembre en poudre, noix de muscade, cumin en poudre, paprika…) ;
– différents vinaigres (balsamique, de vin, de cidre, aromatisés, de xérès…) ;
– différentes huiles (de noix, de carthame, d'olive, de sésame, de tournesol…).

Cet approvisionnement de base a deux utilités. D'abord, ces produits vous permettront de faire face aux petites fringales tout en évitant les cacahuètes ou les chips : quelques bâtonnets de carotte crue trempés dans du fromage blanc assaisonné aux herbes ; quelques crevettes arrosées d'un jus de citron ; un peu de fromage de chèvre frais étalé sur une feuille d'endive ou une branche de céleri… le tout accompagné d'une tranche de bon pain. Ensuite, ces ingrédients simples sont suffisants pour préparer des assaisonnements légers et très savoureux qui accompagneront vos salades, vos plats de pâtes, de riz, de légumes, de viande ou de poisson…

• **Lorsque vous revenez des courses, prenez quelques minutes pour préparer ce qui peut l'être sans risquer de s'abîmer trop rapidement :**
– épluchez deux ou trois carottes et découpez-les en bâtonnets ;
– faites cuire les crevettes, bulots, etc., de sorte qu'ils soient prêts lorsque vous en aurez envie ou besoin ;
– préparez une ou deux sauces froides, assaisonnées et épicées (voir les recettes p. 222-224) ;
– si vous avez du poulet froid, découpez-le et ôtez-lui la peau, afin qu'il soit immédiatement consommable lorsque vous en aurez besoin.

Quelques conseils minceur pour organiser vos repas

• **Envisagez toujours vos repas en termes de globalité.** Pensez d'abord à ce qui vous fait le plus envie (une entrée, un plat, et même un dessert), et organisez le reste de manière à faire baisser le SLIM-data global du repas.

• **Par exemple, si vous avez envie de manger des pâtes à la bolognaise,** prévoyez en entrée une salade mélangée avec des ingrédients ayant un SLIM-data bas (salade verte, tomates, concombre, crevettes décortiquées, sauce au fromage blanc et aux herbes), et en dessert un yaourt aux fruits. **Si vous avez très envie d'une quiche lorraine,** accompagnez-la d'une assiette de légumes vapeur assaisonnés avec un peu d'huile de noix, et d'un pamplemousse (voir les exemples de repas p. 221). **Si vous avez envie d'un entremets sucré,** préparez-le avec du fructose ou du sucre complet, et faites en sorte que le reste du repas soit constitué d'aliments pris dans la zone verte (par exemple, un assortiment de légumes crus ou vapeur avec une sauce au fromage blanc, et un filet de poisson en papillote avec des crevettes et des aromates).

• **Prévoyez toujours un aliment protéiné par repas.** Mais évitez de mélanger, au cours du même repas, deux aliments très fortement protéinés (viande rouge, laitage, fromages, œufs).

• **Si vous buvez du vin, faites-le au cours du repas.** En phase 1 et 2, préférez les vins de Bordeaux à ceux de Bourgogne, car les tanins contenus dans ces derniers sont plus lourds, ce qui perturbe le SLIM-data global du repas. Limitez-vous à un verre. Si vous pouvez le couper d'eau, vous abaisserez son SLIM-data et l'impact du vin sur votre repas sera moindre (voir conseils complets p. 110).

• **Buvez de l'eau minérale et des tisanes, en quantité raisonnable.** Ne vous forcez pas. Ne buvez pas trop au cours des repas (voir conseils complets p. 112-116).

Quelques conseils minceur pour cuisiner

• **Oubliez le mot « allégé ».** Vous verrez dans les recettes proposées au chapitre 14 que je ne conseille jamais d'utiliser des produits allégés (yaourts, beurres, fromages...), excepté pendant la phase 1 de la méthode, au cours de laquelle vous pouvez également utiliser des édulcorants (en petite quantité et jamais cuits). Nous ne sommes pas ici dans la logique d'un régime hypocalorique, où les calories doivent être contrôlées. Cette méthode en tient compte, certes, mais de façon minimale. Alors, autant retrouver la vraie saveur des aliments, car le plaisir qu'ils procurent est bénéfique pour le moral et stimule la production de certaines hormones cérébrales (notamment la sérotonine), ce qui contribue à l'équilibre du centre de la satiété. Cependant, si votre médecin traitant vous a donné des conseils nutritionnels dans le cadre du suivi d'une pathologie préexistante (hypercholestérolémie, hypertension artérielle...), tenez compte de ses recommandations.

• **Évitez les grandes fritures.** Sur le plan nutritionnel, c'est une catastrophe. Les acides gras contenus dans l'huile sont sursaturés et détruits par la chaleur. La plupart des aliments se gorgent de cette matière grasse lorsqu'ils sont frits, ce qui augmente considérablement leur SLIM-data. Prenez l'habitude de cuisiner dans peu de matières grasses, de bonne qualité et à usage unique. Cela rehaussera d'autant la saveur naturelle des aliments que vous préparez.

• **Adoptez la cuisson à la vapeur douce** (l'eau sous le panier de cuisson doit juste frémir, pas bouillir à gros bouillons). **Essayez aussi la cuisson à l'étouffée** (à très petit feu, dans une cocotte à couvert, avec très peu de matières grasses) **ou à four tiède** (120 °C à 160 °C). Ces cuissons ont l'avantage de préserver le contenu nutritionnel des aliments, d'exalter les saveurs et de limiter l'usage des matières grasses.

• **La cuisson à l'autocuiseur est très pratique** car celui-ci cuit plus vite que la cocotte traditionnelle. Mais il cuit aussi à des températures supérieures, ce qui provoque la destruction de certains micronutriments. Cette forte chaleur transforme les hydrates de carbone et les fibres. Cela reste néanmoins un mode de cuisson pratique, ayant fait ses preuves et qui n'abîme que raisonnablement la nourriture.

• **Il faut absolument éviter de cuisiner dans des récipients en aluminium** (casseroles, moules, autocuiseurs). Lors de la cuisson, des millions d'atomes sont arrachés au métal et s'intègrent aux aliments. Ce métal léger a la fâcheuse propriété de traverser la membrane hémato-encéphalique (celle qui protège le cerveau) et de venir s'accumuler dans la substance cérébrale. L'aluminium est de plus en plus incriminé dans de nombreuses maladies dégénératives neurologiques (Alzheimer, sclérose en plaques, scléroses latérales amyotrophiques), problèmes hépatiques dégénératifs, perturbations des réponses immunitaires… Jetez sans hésiter tous vos ustensiles en aluminium, et préparez vos papillotes dans du papier sulfurisé (sans vernissage chimique).

• **Reste la cuisson au four à micro-ondes.** Elle a conquis le monde entier. Plutôt que de la remettre radicalement en question, je préfère essayer de l'intégrer dans la cuisine santé et d'en adapter l'usage. Plus un mode de cuisson chauffe rapidement les aliments, plus il est obligé d'en agiter violemment les molécules. Et le four à micro-ondes chauffe très vite ! C'est justement ce qui a fait son succès. La violente agitation qu'il imprime aux aliments altère leur schéma stéréochimique[1] et la tenue de leurs molécules, notamment en ce qui concerne les amidons et les fibres. C'est un Américain, Percy Spencer, qui a inventé ce système de cuisson par hasard en 1945. Il l'a mis au rebut, car il trouvait que les aliments qui en sortaient étaient mous et immangeables. Depuis, la technique s'est améliorée, mais l'impact moléculaire de cette « hyperchaleur magnétique » reste identique. Cependant, on ne peut nier que le four à micro-ondes est un instrument pratique et adapté au rythme rapide de la vie moderne.

Si vous ne pouvez pas vous en passer, choisissez un appareil moderne et de qualité (sans fuites d'ondes, qui sont toxiques pour la santé notamment des enfants dans un rayon de 40 cm). Assurez-vous régulièrement que la porte ferme hermétiquement, que ses gonds sont en bon état, que votre four est propre (car des matières alimentaires calcinées finissent par se déposer sur les parois).

Ne le réglez pas systématiquement sur la puissance

1. On désigne par ce terme la forme des molécules dans l'espace à trois dimensions : celui dans lequel nous vivons !

maximale, mais préférez une puissance moyenne. Cela implique un temps de cuisson un peu plus long, mais qui reste tout de même raisonnable (il s'agit de passer de une à deux minutes !).

Lorsque vous sortez les aliments du micro-ondes, laissez-les « s'apaiser » pendant 3 à 5 minutes avant de les manger.

N'y réchauffez pas plusieurs fois le même aliment.

Essayez surtout de ne pas décongeler au micro-ondes les produits surgelés. Sortez-les le matin, et laissez-les lentement décongeler sur le rebord de l'évier ou dans le bas du réfrigérateur. Le passage, en quelques minutes, d'un aliment congelé (contenant des molécules inertes) à un plat prêt à être consommé (contenant des molécules hyperactives) constitue une aberration moléculaire et nutritionnelle. Cet excès de rapidité est forcément déséquilibrant à moyen ou à long terme, et donc antisanté et antiminceur.

• **La cuisson au feu de bois** n'est plus d'actualité, même s'il est dépaysant et très goûteux de s'y essayer en pique-nique ou sur la plage. Attention à ne pas disposer les viandes et les poissons trop près des braises, car les graisses qui s'égouttent sont rapidement carbonisées et leur fumée toxique imprègne la nourriture.

• **La cuisson au gaz,** douce et progressive, est l'une des meilleures qui soient. Cependant, l'électricité supplante progressivement le gaz dans nos cuisines. La cuisson électrique (halogène, induction…) n'a rien de gênant. Ce sont les temps de cuisson et les préparations alimentaires (en papillotes, à la vapeur, à l'étouffée, autocuiseur...) qui feront toute la différence.

• **Salez modérément.** Aujourd'hui, notre alimentation

est « sur-salée », ce qui provoque fatigue et rétention d'eau. À l'inverse, l'absence totale de sel est aussi mauvaise pour la santé. Essayez de trouver une juste mesure. Pour rehausser le goût de vos préparations, misez plutôt sur les épices et les aromates.

• **Lorsque vous cuisinez des aliments contenant essentiellement des glucides (pâtes, riz, céréales, féculents...), n'oubliez pas de les cuire le moins longtemps possible**, car la cuisson fait grimper leur SLIM-data. Et lorsque vous préparez une purée de pommes de terre, ajoutez-y 1 jaune d'œuf ou environ 125 g de fromage blanc à 20 % de matières grasses, dont les protéines freinent la digestion des amidons. Le SLIM-data de la purée diminue ainsi de 30 % ! Associez-leur des aliments de SLIM-data faible : mieux vaut des pâtes à la sauce tomate, aux fruits de mer ou aux petits légumes, que des spaghettis noyés de crème fraîche, de lardons, de beurre et de fromage.

• **N'oubliez pas que les légumes très cuits et mixés ont un index bien supérieur** à celui des mêmes légumes crus ou à peine cuits et en morceaux.

• **Enfin, cuisinez le plus souvent possible de façon traditionnelle, en incluant le temps dans vos recettes.** Ce qui n'implique pas forcément une perte... de temps ! Il suffit juste d'apprendre à prévoir et d'adopter quelques réflexes d'anticipation. Le temps est une donnée, un ingrédient nécessaire à incorporer dans toutes nos recettes santé : le pain doit fermenter, le vin doit se vinifier, la pâte doit reposer, les plats doivent mijoter... Plus on accélère le temps, plus on s'éloigne du rythme des hommes. Si vous voyagez à pied, à cheval, à vélo, votre organisme ne subira aucun stress. Mais si vous voyagez en avion, votre organisme devra encaisser le décalage horaire, puis s'en remettre. Le monde de la technologie peut continuer à évoluer aussi vite qu'il le désire, notre journée reste de 24 heures, et nos rythmes organiques sont toujours synchronisés sur cette unité de temps immuable !

Ce qu'il faut retenir

- **Afin de suivre cette méthode facilement, veillez à ne jamais faire vos courses l'estomac vide. Essayez de toujours avoir, à la maison, de quoi cuisiner sain et donner à vos repas un SLIM-data assez bas.**
- **Ne vous frustrez pas (même au cours de la phase 1 de cette méthode). Organisez vos repas autour d'un aliment qui vous fait envie, et associez-le de manière à faire baisser le SLIM-data global du repas.**
- **Privilégiez le pain au levain, semi-complet de préférence. Le levain est indispensable à l'assimilation des nutriments contenus dans le blé.**
- **Privilégiez le bon vin, à raison d'un verre par repas maximum (sauf pendant la phase 1 de votre rééducation métabolique).**
- **Buvez 6 à 8 verres d'eau par jour, par petites gorgées. Ne buvez pas trop pendant les repas pour ne pas diluer le bol alimentaire et les sucs digestifs. Arrêtez de boire une demi-heure avant les repas, et abstenez-vous pendant une heure et demie après.**
- **Consommez thé et café avec modération. Mais vous pouvez boire à loisir des tisanes santé.**
- **Méfiez-vous des pâtisseries industrielles et des fromages fondus à tartiner.**
- **Renoncez au lait et aux yaourts de soja.**
- **Évitez les cuissons qui abîment les aliments (grande friture, four très chaud, grillades au feu de bois...) et privilégiez les cuissons douces (vapeur, four tiède, étouffée...).**
- **Fuyez les ustensiles en aluminium.**
- **Soyez prudent avec la cuisson au micro-ondes : utilisez-le surtout pour réchauffer ; le moins possible pour cuisiner ; jamais pour décongeler.**
- **Enfin, accordez-vous du temps pour cuisiner : c'est un ingrédient santé que vous pouvez incorporer sans modération à toutes vos recettes.**

7

COMMENT APPLIQUER CETTE MÉTHODE À L'EXTÉRIEUR

Cette méthode n'a rien d'un régime. Dès les premiers jours, vous pourrez continuer à sortir, à dîner au restaurant, à rendre visite à des amis. Car il n'est pas question de refuser les invitations ni de vous couper du monde. Certains régimes draconiens, stressants et frustrants impliquent ce type de retraite, ce qui contribue d'ailleurs à leurs faibles résultats (parfois au résultat inverse, lorsque les kilos repris dépassent ceux que l'on a perdus !). Le fait de se tenir à l'écart de la convivialité et des échanges relationnels ajoute de la frustration au déséquilibre nutritionnel et au stress des privations. La situation est rapidement intenable et on « craque » ! Cette méthode, à l'inverse, vous permet de continuer à vivre normalement et surtout de ne rien changer à votre vie sociale.

Lorsque vous n'êtes pas chez vous, la tentation est plus grande de céder aux sirènes du déséquilibre métabolique. Pourtant, dans toutes les situations, vous pouvez vous arranger pour limiter au maximum le SLIM-data global de votre repas. Pendant la phase 1 (la plus rigoureuse), **il vous suffit de toujours emporter avec vous, dans votre poche ou votre sac, le petit tableau récapitulatif détachable** pour pouvoir y jeter un coup d'œil avant de vous mettre à table ou de passer votre commande au restaurant.

Voici néanmoins quelques conseils supplémentaires, adaptés à différentes situations.

Chez des amis

Lorsque vous êtes invité à dîner, vous ne pouvez pas, comme au restaurant, choisir vos plats dans une liste. Profitez-en pour savourer ce que vous mangez. Il ne servirait à rien de vous sentir coupable sous prétexte que vous allez faire un repas au SLIM-data plus élevé que d'ordinaire. Essayez simplement d'éviter de faire ce type d'écart pendant les trois premières semaines, tant que vous êtes en phase 1. Et surtout, veillez à ce que le repas suivant ait un SLIM-data particulièrement bas.

Voici ce que vous pouvez faire pour réduire le SLIM-data du repas, quel qu'il soit :
– évitez les snacks salés en apéritif ;
– évitez de manger du pain au début du repas, surtout si le menu comporte une autre source de glucides (pâtes, riz...) ;
– forcez sur la salade et les légumes ;
– ne buvez pas plus d'un verre de vin ;
– prenez votre temps pour manger et mâchez bien.

Dans un fast-food

La plupart des plats que vous pouvez trouver dans un fast-food sont en zone rouge ou orange. Seules les salades appartiennent à la zone verte. Veillez à ne pas prendre plusieurs plats rouges et intégrez une salade afin de faire baisser le SLIM-data global de votre repas.

Zone verte
- Salade composée

Zone orange
- Hamburger^{P}
- Burger au poulet^{P} (en éliminant une partie de la sauce)
- Burger au filet de poisson^{P} (en éliminant une partie de la sauce)
- Ketchup (dose)
- Pommes de terre avec la peau

Zone rouge
- Beignets de poulet^{P}
- Cheeseburger^{P}
- Frites
- Dessert
- Sodas

Au restaurant chinois, vietnamien ou thaï

Au restaurant asiatique, vous avez davantage de choix, notamment en ce qui concerne les plats appartenant à la zone verte. Il vous est donc possible d'adapter facilement votre repas à la phase dans laquelle vous vous trouvez.

Zone verte
- Soupe chinoise claire (au poulet, aux crevettes...)
- Salade de soja au poulet^{P} ou aux crevettes^{P}
- Poulet^{P} ou canard^{P} à la sauge aigre-douce
- Poulet^{P} ou canard^{P} sautés (croustillant, au citron, au basilic, au gingembre...)

- Crevettes[P] à la sauce aigre-douce
- Shop suey (viande[P] ou poisson[P], accompagné de légumes)
- Rouleaux de printemps[P]

Zone orange
- Nems[P]
- Soupe chinoise épaisse (potage pékinois…)
- Bœuf[P] ou agneau[P] sauté (aux champignons noirs, aux oignons, au basilic, aux légumes…)
- Crevettes[P] ou poisson[P] (sautés, flambés, au gingembre, au basilic…)
- Chow mein (plats à base de nouilles sautées)
- Bouchées[P] cuites à la vapeur (au porc, aux crevettes…)
- Riz cantonais

Zone rouge
- Porc[P] à la sauce aigre-douce
- Porc[P] sauté (aux pousses de bambou, aux germes de soja, aux poivrons…)
- Canard[P] laqué
- Riz blanc
- Beignets de fruits (banane, pomme, ananas…)

Zone violette
- Riz gluant (dit « de montagne »)
- Bouchées vapeur sucrées

■ *Au restaurant japonais*

La cuisine japonaise propose elle aussi de nombreux plats à base de poisson, souvent classés dans la zone verte du tableau. Faites-en le centre de votre repas. Cette cuisine propose très peu de desserts sucrés, ce qui facilite le choix lorsqu'on est dans la phase 1 de la rééducation métabolique.

Zone verte
- Sushis^{P}
- Sashimis^{P}
- Poisson cuisiné^{P} (au saké, au miso...)
- Potage léger
- Salade japonaise

Zone orange
- Rouleaux de riz aux feuilles de nori
- Sukiyakys^{P} (plats à base de poulet, légumes et nouilles sautées)
- Yakitoris^{P} (petites brochettes)

Zone rouge
- Tempuras (beignets en pâte légère)
- Riz sauté, riz gluant (ou « de montagne »)

Au restaurant italien

On ne mange pas uniquement de la pizza dans les restaurants italiens ! Vous pouvez organiser votre repas autour d'un plat de pâtes, d'un risotto, d'une viande... Et y ajouter, par exemple, une tomate mozzarella ou une salade verte accompagnée d'une petite tranche de parmesan.

Zone verte

- Tomates à la mozzarella[P]
- Salade de roquette au parmesan[P]
- Escalope de veau à la tomate[P]

Zone orange

- Antipasti (légumes à l'huile)
- Pâtes à la bolognaise[P]
- Pâtes au basilic
- Risotto aux fruits de mer[P]
- Pâtes à la sauce piquante
- Aubergine à la parmiggiana
- Escalope[P] milanaise (panée)
- Escalope[P] au marsala
- Escalope[P] florentine
- Bocconcini[P]
- Osso bucco[P] (sauté de veau)
- Pizza jambon[P], champignons, fromage
- Pizza aux fruits de mer[P]

Zone rouge

- Pizza tomate, anchois, câpres
- Pizza quatre fromages[P]
- Charcuterie italienne[P]
- Pâtes à la carbonara[P]
- Tiramisu
- Panna cotta

Au restaurant indien

Pendant la phase 1, organisez votre repas autour d'une viande tandoori, car ce mode de cuisson appartient à la zone verte. Il existe de nombreux plats en zone orange, ce qui permet par la suite de varier vos choix.

Zone verte
- Poulet^{P} tandoori (grillé au four)
- Agneau^{P} aux épinards
- Curry de poisson^{P}
- Yaourt et boisson au yaourt

Zone orange
- Chapati
- Riz épicé
- Curry de légumes
- Curry de viande^{P} ou de poisson^{P}
- Riz biriani (sauté à la viande^{P}, aux crevettes^{P} ou aux œufs^{P})
- Lentilles en sauce (dal)
- Samosas (chaussons frits farcis)
- Agneau^{P} vindaloo (en sauce piquante)
- Gâteau de carotte

Zone rouge
- Nan nature
- Nan au fromage^{P}
- Beignets de légumes (oignons, aubergines...)
- Chutney de fruits (pomme, mangue...)

Au restaurant libanais

La cuisine libanaise est souvent préparée avec beaucoup de matières grasses. Veillez donc à manger des crudités (toujours servies en accompagnement) pour faire baisser le SLIM-data global du repas.

Zone verte
- Concombres au yaourt
- Kefta[P] (brochettes de viande hachée épicée)
- Brochettes de poulet[P]
- Poulet[P] au citron

Zone orange
- Taboulé
- Houmous (purée de pois chiches)
- Caviar d'aubergines
- Falafel[P]
- Bouchées aux épinards
- Bouchées à la viande[P]
- Beureck (roulé au fromage[P])
- Boulettes de viande[P] en sauce tomate

Zone rouge
- Markouk (pain non levé)
- Sucreries orientales (halva, loukoum...)

Au restaurant marocain ou tunisien

La plupart des couscous appartiennent à la zone orange. Comme ils constituent un plat complet, il suffit de les associer à une salade et une soupe pour avoir un repas de SLIM-data assez bas.

Zone verte

- Salade méchouia
- Harira (soupe)
- Brochettes de viande^{P} ou de poisson^{P}

Zone orange

- Chorba^{P} (soupe épaisse à la viande)
- Couscous aux légumes
- Couscous au poulet^{P} ou à l'agneau^{P}
- Couscous au poisson^{P}
- Graine de couscous (en accompagnement)
- Tajine de viande^{P} aux légumes
- Épaule d'agneau^{P} rôtie

Zone rouge

- Pastilla au pigeon^{P} ou aux crevettes^{P}
- Couscous aux merguez^{P}
- Bricks (à l'œuf^{P}, au thon^{P}, à la pomme de terre...)
- Pâtisseries orientales (baklava, makroute, corne de gazelle...)

Au restaurant grec

La cuisine grecque peut s'adapter facilement à toutes les phases de votre rééducation métabolique, car certains plats courants appartiennent à la zone verte. Évitez simplement les desserts (très gras et sucrés) pendant la phase 1.

Zone verte
- Salade grecque à la feta[P]
- Tzatziki (concombre au fromage blanc[P])
- Poisson grillé[P]
- Tourte aux épinards

Zone orange
- Feuille de vigne
- Moussaka
- Souvlaki (petites brochettes d'agneau[P] épicées)
- Boulettes[P] en sauce
- Brochette de viande[P]

Zone rouge
- Galoktoboureko (pâtisserie grecque)
- Fritures

Dans une brasserie

C'est sans doute dans ce type de restaurant que vous aurez le plus de facilité à organiser votre repas si vous êtes dans la phase 1 de votre rééducation métabolique, car les cartes des brasseries sont variées. Misez sur les légumes (crudités en entrée, haricots verts ou épinards en accompagnement de plat…). Dès la phase 2, vous pourrez vous offrir un dessert si vous êtes resté raisonnable durant le repas.

Zone verte

- Potage aux légumes
- Rosbif^{P} et haricots verts
- Crudités variées

Zone orange

- Soupe à l'oignon gratinée
- Céleri rémoulade
- Œuf dur^{P} mayonnaise
- Harengs^{P} pommes à l'huile
- Petit salé^{P} aux lentilles
- Blanquette de veau^{P} et riz blanc
- Pot-au-feu^{P}
- Omelette^{P} (au jambon, au fromage, aux fines herbes…)
- Navarin d'agneau^{P} aux légumes
- Choucroute (avec peu de charcuterie^{P})

Zone rouge

- Choucroute garnie (avec pommes de terre et charcuterie^{P})
- Rôti de porc^{P} et purée
- Entrecôte^{P} (faux-filet, filet, rumsteck…) et frites
- Œufs au plat^{P} et frites
- Cassoulet^{P}
- Tarte Tatin
- Île flottante

En pique-nique

C'est une situation délicate si vous êtes dans la phase 1 de votre rééducation métabolique. Mais la tâche n'est pas impossible. Préparez-vous des légumes crus en bâtonnets (carottes, concombre, céleri...), qui vous permettront de faire baisser le SLIM-data du repas, ainsi que des fruits frais choisis dans la zone verte du tableau. Associez-les à des en-cas choisis dans la zone orange. Dans tous les cas, évitez absolument les aliments de la zone violette.

Zone verte
- Crudités en bâtonnets
- Salade niçoise
- Salade de poulet[P]

Zone orange
- Quiche aux légumes
- Pan bagnat
- Sandwich au jambon[P] (pain complet)
- Sandwich au poulet[P] et crudités (pain blanc ou complet)
- Sandwich au thon[P] et crudités (pain blanc ou complet)
- Sandwich au fromage frais[P] (pain blanc ou complet)
- Crêpes salées
- Salade de riz

Zone rouge
- Quiche lorraine[P]
- Sandwich au jambon[P] (pain blanc)
- Sandwich au fromage[P] (pain blanc)
- Paninis
- Crêpes sucrées

Zone violette
- Chips

Au cours d'une réception (buffet) ou d'un apéritif

Dans tous les cas, mangez avant de commencer à boire de l'alcool, car l'alcool possède un SLIM-data très élevé. Évitez les snacks appartenant à la zone violette du tableau. Si vous ne buvez pas d'alcool, vous pouvez manger quelques canapés sucrés (trois ou quatre). Si vous buvez de l'alcool, abstenez-vous de tout dessert. Si vous buvez du champagne, choisissez-le de bonne qualité (car le champagne médiocre « dérègle » rapidement le métabolisme), une à deux coupes, que vous répartirez sur l'ensemble de la soirée.

Zone verte
- Pistaches en coques
- Noisettes
- Panier de crudités avec une sauce légère
- Eau plate ou eau gazeuse

Zone orange
- Panier de crudités avec une sauce lourde (mayonnaise)
- Amandes
- Noix
- Jus de fruits coupés d'eau
- Canapés salés

Zone rouge
- Canapés au fromage[P]
- Canapés sucrés
- Charcuterie[P] (saucisson, pâté...)
- Noix de cajou salées
- Alcools

Zone violette
- Chips
- Amandes fumées
- Sodas et colas
- Cacahuètes salées

Ce qu'il faut retenir

- **Vous pouvez suivre les conseils de cette méthode en toutes circonstances : chez des amis, au restaurant...**
- **Dans tous les cas, si vous consommez un plat à fort pouvoir de stockage, associez-le à un plat à faible pouvoir de stockage (assiette de crudités, salade verte, yaourt...).**
- **Évitez le plus possible de boire de l'alcool, excepté un verre de bon vin au cours du repas.**
- **Et surtout, si vous vous laissez aller ou si vous n'avez pas la possibilité de choisir vraiment ce qui correspond à la phase de rééducation métabolique dans laquelle vous vous trouvez, faites suivre ce repas trop lourd par un repas hyper rééquilibrant : soupe de légumes sans pommes de terre ; poisson et légumes verts vapeur ; yaourt nature ou aux fruits.**

8
MAIGRIR, C'EST AUSSI DANS LA TÊTE

Les humains que nous sommes sont certes constitués de matière solide : un corps fait de muscles, de sang, d'organes, d'os, de glandes endocrines, d'hormones, de peau, de cheveux, de cellules nerveuses... Mais nous oublions trop souvent que nous sommes également faits d'émotions, de sentiments, de pensées... Ces deux versants de notre être « complet » sont indispensables et indissociables. En matière d'amincissement comme ailleurs, il est donc essentiel de prendre en compte la dimension psychique et émotionnelle du problème (sans pour autant nous aventurer sur le terrain de la psychologie clinique ou de la psychanalyse, qui dépasse le cadre de notre propos).

Vous désirez maigrir ? C'est que vous n'êtes pas complètement satisfait(e) de votre corps actuel, que votre silhouette ne vous convient pas. C'est légitime ! Pourtant, avant de vous lancer dans l'aventure, **n'oubliez pas de vous interroger en douceur, avec bonne humeur et lucidité**, sur vos motivations réelles, votre état de stress, l'estime que vous vous portez, la relation que vous entretenez avec votre image et avec le regard des autres... Les réponses sereines que vous pourrez y apporter vous aideront à mincir de manière encore plus efficace et durable.

Pourquoi vouloir maigrir ?

Derrière un même désir de mincir se cachent parfois des motivations très différentes, plus ou moins secrètes, qui viennent brouiller les efforts que l'on met en place pour perdre du poids. **Lorsqu'on se sent mal dans sa peau, en désaccord avec son image, on a souvent tendance à focaliser tout son mal-être et toutes ses difficultés sur ses kilos superflus.** Et l'on se dit : « Quand j'aurai maigri... », en espérant que tous les problèmes s'évanouiront comme par magie en même temps que les kilos. Hélas, il n'en est rien. Tous vos malheurs ne venant pas de vos kilos en trop, tous ne s'envoleront pas en même temps qu'eux !

Cependant, que vous ayez entrepris de mincir pour de bonnes ou de moins bonnes raisons, si votre amincissement est réussi, il vous permettra très rapidement de vous sentir mieux dans votre peau, de vous estimer davantage et de vous réconcilier avec vous-même. Et cela retentira sur la manière dont vous aborderez, gérerez et résoudrez les autres problèmes de votre vie. Mais il ne faut pas trop en demander à l'amincissement. C'est une erreur hélas trop fréquente, qui peut vous plonger dans un état de frustration et de déception allant à l'encontre de votre but premier : être mieux avec vous-même, être mieux avec les autres.

Attention donc à ne pas confondre la recherche du juste poids avec une fuite en avant pour tenter de répondre à l'insatisfaction dans laquelle vous plonge votre existence. Pour certaines personnes, la quête effrénée de la minceur est un voyage sans fin. Les bénéfices attendus ne viennent jamais, car, en voulant maigrir, elles cherchent à se fuir toujours davantage, à se cacher derrière le fantasme d'une silhouette idéalisée. Un fantasme si puissant que leur silhouette réelle ne peut que rester éternellement imparfaite à leurs yeux, ce qui les plonge à la longue dans l'épuisement, la subdépression, quelquefois la maladie.

Cette insatisfaction pousse parfois ces mêmes personnes à demander des actes de chirurgie esthétique inutiles, sinon dangereux (cette question est développée p. 165) ; à accumuler les régimes draconiens et déséquilibrés qui mettent leur santé en péril ; à consommer en quantité exagérée des produits amincissants, et même des médicaments toxiques (voir aussi « Quelques techniques minceur complémentaires », p. 155 et « La chasse aux idées reçues » p. 207). Heureusement, les bonnes raisons de maigrir ne manquent pas.

Les bonnes raisons de maigrir

• **Avant toute chose, en rééquilibrant votre alimentation pour retrouver votre juste poids, vous vous protégez contre le risque de prédiabète, puis de diabète.** On compte en France **plus de deux millions de personnes** atteintes d'un déséquilibre métabolique en ce qui concerne la sécrétion d'insuline et la gestion du sucre sanguin ! Ce chiffre ne prend pas en compte les diabétiques insulinodépendants ; leurs troubles pancréatiques importants les obligent à s'injecter de l'insuline plusieurs fois par jour. Pour ces derniers, une amélioration de l'hygiène de vie ne suffit pas à régler le problème. Mais pour ceux qui souffrent de ce que les scientifiques appellent un diabète de type II, la perte des kilos superflus, la surveillance du SLIM-data des repas et la pratique raisonnable d'une activité physique sont d'une aide primordiale. Ces gestes simples constituent, pour tous, une excellente prévention contre les risques de diabète liés à l'alimentation.

• **Ensuite, en atteignant votre juste poids vous ferez beaucoup de bien à votre cœur et à vos artères.** Toutes les études sont d'accord sur ce point : les personnes sujettes au surpoids (et plus encore à l'obésité) courent davantage de risque, tant au niveau des troubles cardiaques que des accidents cardiovasculaires ou des accidents vasculaires cérébraux. Il s'avère même que la graisse « invisible » accumulée sur le ventre et autour des organes (foie, cœur, ...) est la plus dangereuse sur ce plan, car elle interfère directement avec le métabolisme global. En rééquilibrant durablement votre alimentation dans le but de perdre vos kilos superflus, vous contribuerez à conserver un taux de cholestérol sanguin raisonnable, protégeant ainsi vos artères contre les risques de surcharge et d'obstruction.

• **Retrouver votre juste poids est une façon de diminuer le risque de cancer du sein pour les femmes.** Les tissus graisseux contribuent en effet à la fabrication des hormones, notamment les œstrogènes ; ce que peu de gens savent. Or, ces hormones féminines ont une incidence sur le risque de cancer du sein. Les femmes en surpoids ont donc un risque accru de développer une tumeur au sein.

• **Les problèmes de dos courants ou les douleurs des hanches et des genoux** non pathologiques disparaissent souvent en même temps que les kilos superflus. Car l'excès de poids, même modéré, exerce une pression mécanique permanente sur toutes nos articulations.

• Enfin, et ce n'est pas la moindre des raisons, en atteignant votre juste poids, vous allez retrouver un moral tout neuf et entamer de nouvelles relations avec vous-même. Des relations plus sereines, plus joyeuses, plus intimes... Plus vraies ! **Un amaigrissement bien conçu et bien mené est un extraordinaire outil de réconciliation avec soi-même.** Les kilos perdus redessinent la silhouette... et le moral ; ils aident à s'aimer et à s'estimer davantage. C'est aussi une excellente manière de se réconcilier avec le regard des autres, qui pèse parfois si lourd lorsqu'on se sent trop gros. En outre, l'amincissement obtenu par un « rééquilibrage biologique alimentaire » évite les coups de barre et les coups de blues liés à l'hypoglycémie, ménage les organes « précieux » de la digestion (foie, pancréas...) et ne met pas en souffrance le cerveau et la production des neurotransmetteurs (sérotonine, dopamine...). Ce qui confère à cette méthode **un « effet secondaire » non négligeable : les patients constatent toujours une amélioration durable de leur moral !**

Appétit, névrose et image de soi

Nous l'avons souligné, les personnes en surpoids entretiennent souvent des relations conflictuelles avec leur image corporelle. L'image de soi est affectée, perturbée, lorsqu'on ne reconnaît pas son reflet dans un miroir, parce qu'il est trop éloigné de l'image que l'on se fait d'un corps séduisant.

Peuvent alors se produire des interactions « perverses » entre le fonctionnement métabolique, le vécu émotionnel et le comportement nutritionnel. Les émotions négatives se renforcent, les prises alimentaires se dérèglent, privilégiant le plus souvent les aliments sucrés, qui ont un pouvoir sécurisant (on dit alors que la digestion des sucres est « anxiolytique », qu'elle diminue les angoisses). Mais ces aliments sont les plus déséquilibrants. Le métabolisme réagit à cet apport glucidique anarchique par des « coups de barre » d'origine hypoglycémique qui mettent régulièrement hors service le centre de la satiété (voir p. 49). On entre alors dans une ronde infernale : fausses faims, surbouffe, nouveau dérèglement du flux insulinique, surstockage massif, déstockage bloqué et... moral en berne. Un cercle vicieux s'installe, qui mine de plus en plus l'humeur et l'image de soi.

Sur cet état émotionnel instable viennent parfois se greffer les petites névroses résiduelles qui se sont tissées au fil de notre histoire personnelle. **S'éveille alors, le plus souvent, un fort sentiment de culpabilité.** Une part de notre éducation judéo-chrétienne est fondée sur la notion (certes déformée) de culpabilité. Lorsqu'on se sent mal dans sa peau, quelle qu'en soit la raison, on a tendance à se reprocher tout et n'importe quoi. On se sent coupable de ce que l'on a fait puis de ce que l'on n'a pas fait, on se reproche des événements passés, on se sent à l'avance coupable de la manière dont vont se dérouler les événements à venir... Inévitablement aussi, on se sent coupable des écarts nutritionnels, des pulsions alimentaires et des kilos en trop. On rejoint l'image (elle aussi déformée) véhiculée par les médias : la minceur est respectable alors que les rondeurs sont suspectes ; la personne en surpoids manque donc de volonté, elle se laisse aller. **Ce qui, je le répète une fois encore, est complètement faux !**

Pour se protéger contre ce cliché social que l'on ressent comme une agression injuste, on n'a d'autre recours que de régresser jusqu'au stade infantile ; lorsque l'amour coulait dans notre bouche en même temps que le lait maternel, lorsque la satisfaction était toujours liée à la nourriture. Ce contexte de fragilité émotionnelle et affective provoque une hyperphagie réactionnelle qui vient s'ajouter aux messages erronés du cerveau et à la mise en sommeil du centre de la satiété, provoqués par les pics hyper- puis hypo-insuliniques répétés.

Nous sommes tous pétris de petites névroses banales, mais rien ne nous oblige à les soigner avec de la nourriture ! Pour faire face aux conséquences des interactions entre le corps et les émotions, deux voies complémentaires sont possibles : soit la voie psychosomatique (on travaille sur le psychisme pour rééquilibrer le corps) ; soit la voie somatopsychique (on rééquilibre le fonctionnement biologique et métabolique pour améliorer le mental et les émotions). La méthode minceur que je vous propose favorise cette seconde voie.

En améliorant vos fonctions digestives et neurométaboliques, vous constaterez rapidement des effets positifs sur votre mental et vos émotions. Loin de vous enfoncer dans le stress et la déprime, comme ce serait le cas avec la plupart des régimes restrictifs, vous améliorerez votre moral. Loin de plonger dans la culpabilité, vous renforcerez rapidement l'image que vous avez de vous-même et votre confiance en vous.

Si vos émotions ont un effet direct sur la prise de poids, la méthode exercera, à l'inverse, un effet régulateur et apaisant sur votre équilibre émotionnel. Certes, ces bienfaits neuropsychiques ne suffiront pas à guérir les personnes souffrant d'une névrose majeure ; elles devront retourner à la source de leur mal-être en choisissant la technique psychothérapeutique qui leur convient le mieux. Cependant, l'amélioration de leur humeur et de leur image, même si elle n'est pas suffisante, permettra néanmoins de faciliter et d'accélérer le travail nécessaire en profondeur.

Sortir de la déprime

Les chercheurs en neurosciences connaissent bien les relations étroites qui existent entre l'hypoglycémie et l'état mental (notamment les capacités intellectuelles). Des expériences menées en milieu psychiatrique ont montré qu'une très faible injection d'insuline (qui fait donc baisser immédiatement le taux de sucre dans le sang, en créant une crise d'hypoglycémie) suffit souvent à provoquer une aggravation importante des symptômes chez les malades mentaux atteints de psychoses ou de névroses chroniques graves.

Chez les personnes ne souffrant d'aucun trouble sérieux, comme la plupart d'entre nous, les effets délétères des crises d'hypoglycémie sont évidemment moins spectaculaires à court terme. Cependant, sans vous en rendre compte, à chaque sécrétion anarchique d'insuline, à chaque baisse intempestive du taux de sucre dans le sang, à chaque coup de fatigue, à chaque situation d'urgence dans laquelle vous plongez vos neurones (faussement affamés !), vous perturbez votre tonus psychique. C'est pour cette raison, entre autres, que beaucoup de personnes en surpoids sont souvent en état de surstress, de déprime (subdépression).

Les problèmes d'image de soi induits par les kilos superflus viennent renforcer encore cette déprime latente. Et lorsqu'on se met au régime, le stress des privations vient s'ajouter à tout cela. C'est beaucoup ! Souvent beaucoup trop !

La méthode SLIM-data aide à briser rapidement ce cercle infernal de souffrances physiques et morales inutiles. D'abord, la culpabilité que l'on ressent lorsqu'on « craque » s'efface rapidement, puisqu'on ne ressent plus le besoin irrépressible de manger (grâce au rééquilibrage métabolique et au réveil du centre de la satiété). Votre volonté n'étant plus mise en cause, c'est une seconde « valise de stress » inutile et lourde que vous déposez sur le bord du chemin vers la minceur. Vous voilà déjà bien allégé(e) !

Du coup, chaque pas effectué sur le chemin de l'amincissement porte ses fruits et renforce un peu plus l'image de soi, sans que la culpabilité et la volonté viennent brouiller les pistes.

Enfin, la rééducation métabolique induite par cette méthode permet de réguler la distribution du glucose au niveau du cerveau, équilibrant ainsi le flux de certains neurotransmetteurs. En effet, les erreurs nutritionnelles répétées, associées à la mauvaise qualité de certains aliments[1], peuvent perturber la production de ces neurohormones (sérotonine, dopamine…). Or, ces substances biochimiques sont responsables, en grande partie, de notre bonne humeur. En retrouvant une alimentation plus saine et plus équilibrée, en harmonisant le métabolisme global, vous améliorerez la sécrétion de ces précieux neurotransmetteurs qui favorisent bon moral et joie de vivre. Un atout de plus dans la

1. Notamment la carence en L-tryptophane repérée chez la majorité des femmes « au régime ».

lutte naturelle contre la déprime et la subdépression liées au surstress de notre monde actuel.

Les méfaits du stress

Il est couramment déconseillé de commencer un régime quand on traverse une crise personnelle grave (rupture affective, perte d'emploi, deuil...) ou quand on arrête de fumer. C'est un conseil parfaitement justifié lorsqu'il s'agit d'un régime restrictif ou déséquilibré, qui fait subir à l'organisme un stress intense. Et il n'est jamais bon d'ajouter du stress au stress ! **À l'inverse, la méthode que je vous propose vous fera rapidement « du bien au moral » même si vous êtes en train de traverser une crise de vie particulièrement stressante.** Le rééquilibrage métabolique et biologique ainsi que ses conséquences bénéfiques sur les plans émotionnel et mental vous aideront rapidement à mieux gérer vos angoisses et à renforcer votre motivation pour faire face aux différentes difficultés de la vie. Il vous aidera donc dans la gestion de votre stress au quotidien. Et ce n'est pas la moindre de ses vertus !

D'ailleurs, plutôt que de stress, nous devrions parler d'excès de stress. Car le stress en lui-même n'est pas un ennemi à abattre. Il nous est même très utile car il est indispensable, et indissociable de la vie. C'est la somme des sollicitations que nous recevons en permanence et qui nous poussent à agir pour nous adapter. Nos lointains ancêtres qui vivaient dans des cavernes n'auraient jamais appris à maîtriser le feu s'ils n'y avaient été poussés par les stress du froid, du danger et de la faim. Aujourd'hui, c'est ce même stress qui nous pousse à prendre des risques professionnels, à protéger nos enfants ou... à faire le premier pas sur le chemin de l'amincissement !

Le stress ne conduit pas forcément au mal-être. Il peut aiguillonner la motivation, faciliter la concentration, augmenter l'efficacité... à condition de ne pas dépasser certaines limites. Or, celles-ci dépendent de chaque individu. Nous possédons tous un niveau de stress au-delà duquel toute sollicitation sera perturbante. Nous devenons alors nerveux, fatigués, angoissés, le sommeil nous échappe, la manière de s'alimenter se dérègle... Notre système d'adaptation au stress est dépassé : il provoque des sécrétions hormonales brutales et durables (un orage hormonal) qui perturbent à la longue tout notre équilibre métabolique, facilitant au passage le stockage graisseux et bloquant son déstockage. Cette remarque est valable pour 92 % des individus. Les 8 % restants sont les sujets de type longiligne, très minces pour ne pas dire maigres, que le stress fera alors maigrir encore davantage !

Pour éviter tous ces effets pervers, qui ont un retentissement immédiat sur le poids, il faut donc apprendre à mieux gérer les stress. Il existe pour cela de nombreuses techniques valables, que vous pouvez pratiquer d'abord auprès d'un thérapeute (pour bien les maîtriser), puis chez vous lorsque vous aurez besoin de **vous débarrasser d'un excès de tension. La relaxation, le yoga, le Qi gong, le chant, la musique, l'aquagym**, etc. peuvent par exemple remplir cet office. C'est à vous de trouver la démarche qui vous convient le mieux.

Quelques conseils d'accompagnement

Pour parfaire l'efficacité de cette méthode minceur, je donne souvent quelques conseils d'accompagnement.

• Quelques oligoéléments bien ciblés peuvent efficacement aider à mieux réguler l'humeur (voir le chapitre suivant, « Quelques techniques minceur complémentaires », p. 155).

• La pratique de certains sports ludiques aide à mieux évacuer le stress (p. 159). Mais, parfois, cela n'est pas suffisant, surtout lorsque la prise de poids s'est effectuée dans un contexte de désordre émotionnel et de stress intense. Un soutien psychologique peut alors s'avérer utile, pour accompagner la perte de poids, l'accélérer et améliorer la reconstruction de l'image de soi.

• Certaines techniques psychocorporelles, comme la sophrologie, l'hypnothérapie, le training autogène, etc. peuvent également jouer un rôle bénéfique au début de la cure.

Deux petites techniques pratiques, de grands effets !

• Voici un premier petit exercice que vous pouvez facilement faire chez vous : notez sur une feuille tous les chagrins, colères, frustrations qui vous semblent liés à vos désordres émotionnels alimentaires. Vous pouvez conserver la feuille plusieurs jours afin de compléter votre liste. Puis, lorsque vous pensez être arrivé au bout de cet état des lieux intime, lisez-le trois fois à voix haute puis brûlez la feuille de papier afin d'exorciser ces émotions perturbantes[1].

Enfin, chaque fois que vous vous sentez tendu, stressé, chaque fois qu'une émotion vous submerge, que vous êtes confronté à une situation qui vous trouble, **faites le petit exercice de *respiration minceur* qui suit**. D'une grande simplicité, il est au confluent de plusieurs techniques psychocorporelles (training autogène, sophrologie, etc.) et des pratiques de certains grands sportifs de compétition. J'en ai, à maintes reprises, vérifié l'efficacité aussi bien sur moi-même que sur mes proches ou mes patients. Cet exercice respiratoire peut se pratiquer n'importe où (à la maison, au bureau, dans les toilettes, dans les transports en commun...), dans presque n'importe quelle position debout, assis, en marchant... Il suffit de trouver quelques minutes, deux ou trois fois par jour.

– Tenez-vous bien droit(e), la colonne vertébrale souple, les épaules détendues. **Inspirez naturellement, en gonflant le ventre sans forcer, puis expirez à fond très lentement** pour expulser tout l'air contenu dans vos poumons. Contractez vos abdominaux pour aller au bout de cette expiration, puis **laissez l'inspiration se faire naturellement, sans forcer**, avant d'expirer à nouveau très lentement et à fond.

– Pour vous aider, essayer de compter en inspirant et en expirant. Au début, vous compterez jusqu'à 3 pendant le temps

1. Soyez prudent(e) : un briquet, une casserole, et pratiquez l'« acte libérateur » au-dessus de votre évier ou de votre baignoire !

d'inspiration et jusqu'à 9 pendant le temps d'expiration. Avec la pratique, vous parviendrez à compter jusqu'à 15 en expirant, voire davantage (sans changer le temps d'inspiration de 3 secondes). **Cette respiration a de nombreuses propriétés.** Elle permet de neutraliser les crises d'hypoglycémie et de réguler l'appétit. Elle est très efficace avant le repas, si vous avez la sensation d'avoir une faim de loup incontrôlable. Elle l'est tout autant après le repas, si vous avez l'impression de ne pas être rassasié en sortant de table.

Cet acte simple de « psychomédecine » est toujours accueilli avec enthousiasme par mes patients. Au bout de trois jours d'entraînement, 90 % d'entre eux ressentent déjà ses effets positifs. Au bout d'une semaine de pratique régulière, 85 % des personnes jugent qu'il s'agit d'une aide majeure. Alors n'hésitez pas, faites l'essai. Au bout de quelques jours, vous ne pourrez plus vous en passer !

Ce qu'il faut retenir

- **Les personnes en surpoids entretiennent souvent des relations conflictuelles avec leur image et avec le regard des autres. Souvent, elles attendent trop de l'amincissement, comme si la fin de leurs kilos superflus signait la fin de leurs soucis.**
- **Seul un amincissement décidé pour de bonnes raisons, équilibrant et bien mené, peut vous apporter une vraie satisfaction physique et psychique.**
- **Cette méthode minceur aide également à rééquilibrer l'humeur et à lutter contre la déprime.**
- **Dans les périodes de stress, certaines personnes ont tendance à compenser en mangeant davantage et de manière déséquilibrée. Pour éviter ce piège, il faut apprendre à mieux gérer son stress (relaxation, yoga, Qi gong, training autogène...).**
- ***La respiration minceur* a fait ses preuves ; elle sera d'une aide très précieuse pour traverser tous les moments de stress dans une plus grande sérénité ; elle vous aidera à mieux (et plus vite) maîtriser les crises d'hypoglycémie et les fringales.**

9

QUELQUES TECHNIQUES MINCEUR COMPLÉMENTAIRES

Vous avez pris la décision de transformer votre alimentation, pour faire du bien à votre corps, apaiser votre mental et votre stress émotionnel, et surtout perdre du poids. C'est très bien. Pour vous aider dans votre démarche, vous pouvez avoir recours à quelques « coups de pouce » qui vous soutiendront dans vos efforts si vous les utilisez avec mesure et bon sens.

Soyons clairs : il n'existe pas de miracle en la matière et aucun produit ne peut vous faire perdre durablement du poids si vous ne commencez pas, d'abord, par transformer votre manière de vous alimenter. C'est le premier pas essentiel grâce auquel vous cesserez de déséquilibrer votre métabolisme avec des aliments (incontournables certes) transformés, raffinés et bourrés d'additifs de toutes sortes, associés à l'aveuglette.

En marge de cette rééducation alimentaire essentielle, dans le cadre de ma pratique, je conseille souvent à mes patients certains produits naturels ou techniques minceur complémentaires :

- des oligoéléments et minéraux qui jouent un rôle tant dans le métabolisme des sucres que dans la régulation de l'humeur ;
- des plantes traditionnelles qui aident à évacuer l'eau infiltrée dans les tissus ou à améliorer le fonctionnement et le drainage des organes digestifs ;

• des gestes de massage qui activent la circulation sanguine et lymphatique, ce qui accélère l'évacuation des toxines ;
• je conseille également la pratique régulière et modérée d'une activité physique, ludique et conviviale ;
• enfin, dans certains cas bien précis, le recours à la chirurgie esthétique peut s'avérer utile.

Les minéraux et les oligoéléments

Les minéraux et les oligoéléments participent à la lutte contre le surpoids de trois manières :
– en facilitant le métabolisme des sucres et des graisses ;
– en aidant à la détente psychique et nerveuse qui empêche l'accumulation des stress quotidiens ;
– en permettant de combler certaines carences biologiques.

Le chrome : pour aider le métabolisme des graisses et des sucres

Pour que les cellules puissent utiliser facilement et harmonieusement le glucose qui circule dans le sang, nous avons vu qu'elles ont besoin d'un flux d'insuline adapté. **Le chrome est un oligoélément essentiel qui aide à réguler le taux de sucre sanguin en économisant la production d'insuline** par le pancréas. Il limite donc l'ampleur des crises d'hypoglycémie réactionnelles. Il participe également à la synthèse des acides gras et du cholestérol, dont il aide à réguler le taux sanguin. Lorsqu'on manque de chrome, la carence se manifeste d'abord par de la fatigue et... une prise de poids !

Dans les aliments, le chrome est surtout fourni par les céréales complètes et le sucre complet, mais il disparaît au cours du raffinage. Dans 100 g de blé complet, il y a 18 mg de chrome, alors que dans la farine blanche raffinée il n'en reste plus que 2 mg ! De la même manière, les procédés de raffinage suppriment plus de 90 % du chrome présent dans le sucre de canne brut. On trouve aussi du chrome dans les coquillages et la levure de bière, mais ces aliments ne sont pas tous les jours au menu. L'alimentation moderne est donc généralement carencée en chrome. Pour compenser ce manque, vous pouvez faire quatre fois par an **(idéal, aux changements de saison[1])** une cure de chrome, pendant trois à six semaines. La dose moyenne prescrite dans le cadre des cures minceur est de 150 à 200 microgrammes par jour.

Le chrome présent dans les aliments n'a rien à voir avec le chrome industriel qui provoque des allergies de contact. Le chrome nutritionnel est trivalent, alors que son homologue industriel est hexavalent[2]. Vous ne courez donc aucun risque en vous rechargeant en chrome. Mais, à l'inverse, une carence vraie rend plus difficile un rééquilibrage des flux insuliniques et des crises d'hypoglycémie. **Pensez-y toujours si les coups de barre et les fringales sont votre point faible.**

1. Les changements de saison sont des périodes où l'organisme est fragilisé, mais il est également plus réceptif aux traitements et aux complémentations nutritionnelles.

2. Cette appellation désigne le nombre de liaisons entre l'élément chrome et les atomes environnants (3 ou 6).

Le magnésium et le lithium : pour favoriser la détente psychique et nerveuse

Ces deux substances sont indispensables au bon fonctionnement du système nerveux et des neurones. Le magnésium participe à la transmission des informations entre les cellules nerveuses. Pendant les périodes de stress, nous consommons davantage de magnésium. Lorsqu'on en manque, cela se manifeste par de la nervosité, des troubles de l'humeur, des problèmes de sommeil, des crampes, des crises de spasmophilie...

De son côté, le lithium[1] régule le fonctionnement nerveux et cérébral. Il est couramment prescrit dans les cas de nervosité, d'anxiété, d'angoisse, de déprime, de subdépression... Il aidera à calmer naturellement les troubles de l'humeur et à réguler le sommeil.

On trouve du magnésium dans le chocolat noir, les céréales complètes, les noix, les noisettes, les figues, les légumes secs... Mais souvent, cet apport n'est pas suffisant. Une supplémentation en magnésium et en lithium[2] vous aidera à réguler votre humeur, à apaiser votre anxiété et à soulager une éventuelle déprime. Vous pouvez suivre ce traitement complémentaire pendant les deux premières phases de votre rééducation métabolique, puis faire une cure de trois semaines quatre fois par an (à chaque changement de saison).

1. Il ne faut pas confondre ce lithium, oligoélément, avec le lithium médicament. Le premier est dénué d'effets secondaires, alors que le second, utilisé pour soigner certains troubles psychiatriques graves, nécessite un suivi médical et une surveillance biologique régulière.

2. Ampoules d'oligoélements unitaires en magnésium et en lithium, en vente en pharmacie : une ampoule de chaque au réveil et une ampoule de chaque au coucher, à prendre sous la langue.

Un allié indispensable : une activité physique

Je conseille à tous mes patients, quel que soit leur âge ou leur condition, de pratiquer une activité physique. Cela ne signifie pas qu'ils doivent se transformer en sportifs de haut niveau, en marathoniens ou en accros de la performance à tout prix. Simplement, le fait de pratiquer une activité physique raisonnable, adaptée et progressive a des effets bénéfiques sur le corps et sur le psychisme. Il serait dommage de vous en priver au moment où vous reprenez en main à la fois votre santé, votre tonus et… votre ligne !

• Premier effet bénéfique : lorsque vous vous agitez, vous augmentez vos dépenses énergétiques. Votre corps « brûle » davantage d'énergie (sucres, puis graisses) pour faire face aux dépenses générées par la mise en mouvement de votre système musculaire. Inutile pour en bénéficier de pratiquer un sport de manière intensive. Il suffit pour cela de marcher à un rythme soutenu pendant environ 25 à 30 minutes (c'est l'idéal) ou de faire du vélo d'appartement pendant 15 à 20 minutes chaque jour.

• Mieux encore : grâce à cet exercice physique modéré, vous augmenterez progressivement votre masse musculaire. Et pour nourrir cette matière supplémentaire, votre corps va devoir augmenter son métabolisme de base (l'énergie qu'il consomme pour assurer les fonctions vitales : faire battre le cœur, mener à bien la digestion, etc.). Au bout de quelques semaines, vous brûlerez donc davantage d'énergie dans chaque geste quotidien, et même… en dormant (!)

• La pratique d'une activité sportive aide aussi votre corps à mieux se débarrasser de ses déchets et toxines. Votre souffle s'amplifie, votre circulation sanguine s'améliore, vos cellules sont mieux nourries et les échanges tissulaires sont plus intenses.

• Enfin, une activité sportive raisonnable et régulière aide rapidement à mieux gérer son stress.

• Pour toutes ces raisons, ne vous privez pas de ce qui peut devenir un plaisir, même si, *a priori*, vous ne vous sentez pas l'âme sportive. Pour ne pas avoir à vous faire violence, **optez pour du ludique.**

En effet, pour que votre activité physique soit efficace, il ne faut pas trop vous forcer, surtout moralement. **L'essentiel est de pratiquer régulièrement**, et vous n'y parviendrez pas si les séances tournent à la torture. Pratiquez au moins deux ou trois fois par semaine. Et, je le répète, choisissez un sport qui vous apporte du plaisir ou qui, au minimum, ne vous rebute pas.

Mes préférés : l'aquagym, très anti-stress, qui sculpte la silhouette, entretient le cœur et ménage les articulations ; la marche soutenue, que l'on peut pratiquer n'importe où et n'importe quand ; le vélo d'appartement, que l'on peut utiliser chez soi en toute liberté ; le stretching, qui allonge les muscles et affine la silhouette tout en améliorant les capacités de détente… Et, si vous faites un séjour à la montagne, pratiquez le ski de fond, qui revient à la mode : c'est une petite merveille d'équilibre postural et de rééquilibrage métabolique global.

Les plantes médicinales

Dans l'immense arsenal thérapeutique de nos grands-mères et des apothicaires d'antan, on trouvait déjà nombre de plantes médicinales susceptibles d'aider la perte de poids.

Pendant l'amincissement, l'organisme est obligé de se débarrasser d'une quantité plus importante de déchets et de toxines. Vous pouvez l'aider en mangeant des aliments draineurs (céleri, fenouil, poireau...) ; en pratiquant un sport (la transpiration et l'accélération de la circulation sanguine et lymphatique participent à l'élimination) ; et surtout en faisant une cure de plantes drainantes.

En voici quelques-unes, parmi mes préférées.

Le radis noir, pour combattre la paresse hépatique

Le foie est l'organe central de transformation et de redistribution des corps graisseux. Lorsqu'on a le foie déséquilibré ou paresseux, il est plus difficile de contrôler son poids de manière durable, car la digestion est soumise aux « caprices » de cet organe. Pourtant, il est très facile à satisfaire. En dehors des contextes pathologiques (hépatite, parasitose hépatique, maladies dégénératives...), il suffit de lui offrir un drainage végétal régulier, associé à une aide enzymatique classique.

Ma plante médicinale préférée : le radis noir (*Raphanus sativus niger*). On le trouve facilement en extraits buvables (ampoules) ou en poudre de plante sèche (gélules). Je préconise plutôt les extraits liquides, même s'ils sont assez désagréables au goût ; l'effort en vaut la peine.

Pendant une semaine, prenez une ampoule de radis noir matin et soir (15 minutes avant les repas) ; puis, pendant la semaine suivante, une ampoule de **citrate de bétaïne** matin et soir. Ensuite, buvez chaque jour quelques tasses de tisane de chicorée, d'anis étoilé ou de fenouil.

Parfois, cette cure n'est pas suffisante. C'est le cas notamment lorsqu'un stress ancien et violent a laissé un impact, une trace biologique qui perturbe plus globalement le fonctionnement digestif. Il faut alors ajouter à la cure des **enzymes digestives** (amylases, lipases, protéases, lactase...), que l'on trouve également en pharmacie sous forme de comprimés (1 ou 2 comprimés au début des trois repas).

L'orthosiphon, pour aider à éliminer l'eau et les toxines

Il existe de nombreuses plantes à effet diurétique, certaines plus douces que d'autres (la reine-des-prés, la piloselle...). Ma préférée reste l'orthosiphon. On l'appelle aussi « thé de Java », car son pays d'origine est l'Indonésie. Là-bas, on l'utilise traditionnellement pour soigner les maladies des reins. Les feuilles d'orthosiphon augmentent le volume des urines et la fréquence des mictions. Comme elles ont, en outre, un très léger effet relaxant, elles constituent une aide précieuse pendant les cures minceur.

Là encore, le plus simple est de consommer l'orthosiphon sous forme d'extrait liquide (ampoules) ou de poudre de plante (gélules). Vous pouvez faire une cure de trois semaines pendant la première phase de cette méthode minceur, à raison de 1 ampoule ou de 2 gélules le matin et à midi (le soir, l'orthosiphon peut perturber le sommeil, en vous obligeant à vous lever trop souvent !). Recommencez un mois plus tard.

Le fenouil, contre les ballonnements

C'est à la fois un aliment délicieux (en salade, à l'étouffée, à la vapeur...) et une vraie plante médicinale. Les fleurs de fenouil forment des ombelles dont s'échappent de minuscules graines. Ces dernières sont très efficaces pour aider la digestion, réguler la flore intestinale et éliminer les ballonnements. Elles sont aussi légèrement diurétiques. Un programme tout à fait adapté à celles et ceux qui souffrent de paresse digestive et de ballonnements disgracieux (voir les explications dans le chap. 12, « Cellulite et ventre rond », p. 187).

On trouve du fenouil en gélules, mais il serait dommage de vous priver de la saveur délicieuse d'une bonne tisane de fenouil, d'autant que les résultats sont meilleurs. Comptez environ 50 g de graines pour 1 litre d'eau bouillante, laissez infuser 10 minutes, puis buvez nature (ou très légèrement sucré). Vous trouverez également du fenouil en infusettes individuelles, dans les pharmacies, parapharmacies ou magasins de produits diététiques.

Le fucus, pour freiner le stockage des graisses

C'est une algue brune très riche en sels minéraux, en vitamines et en oligoéléments, un véritable cocktail minceur. Le fucus contient notamment beaucoup d'iode, qui tonifie le fonctionnement de la glande thyroïde, laquelle gère le métabolisme énergétique. Il favorise ainsi la combustion des graisses alimentaires et stimule aussi tous les échanges cellulaires. En outre, le fucus exerce une fonction régulatrice sur l'appétit grâce au mucilage qu'il contient. Vous pouvez également utiliser le fucus pour vous préparer des bains minceur, car, par voie externe, il aide à désinfiltrer les tissus.

On trouve du fucus sous forme de poudre sèche (gélules et comprimés d'environ 350 mg), d'extraits liquides pour le bain (ampoules). Attention : certaines personnes sont particulièrement sensibles à l'iode, notamment si elles sont sujettes à l'hyperthyroïdie. Dans ce cas, il faut bien sûr en tenir compte et adapter les doses de plante ou demander conseil à son médecin traitant.

■ *Les techniques manuelles*

Dans le cadre d'un programme d'amincissement efficace, ne négligez pas le pouvoir des techniques manuelles, sur le plan tant physique que psychique.

- Quelle que soit la technique utilisée, **un massage global**, effectué par un professionnel, dynamise les échanges cellulaires, stimule les organes internes, accélère le transit, et surtout gomme tous les effets négatifs de l'excès de stress. Cela dynamisera votre programme minceur, en même temps que cela apaisera vos nuits.

Pour obtenir des résultats durables, la durée minimale d'une séance doit être de trente minutes, au moins deux fois par mois. Demandez toujours un **massage qui intègre une partie abdominale et viscérale**, afin de bénéficier des effets stimulants sur la sphère digestive.

• **Le drainage lymphatique manuel** peut également vous faire beaucoup de bien, à condition d'être réalisé sérieusement, par les mains expertes d'un spécialiste bien formé, et pendant au moins trente minutes. Ce massage stimule la circulation lymphatique, ce qui accélère l'élimination des déchets et des toxines qui encombrent les tissus.

• Enfin, sur les zones rebelles (fibrosées, cellulitiques...), vous pouvez avoir recours à des techniques spécifiques, comme le **palper-rouler** ou **l'opposition manuelle**, qui peuvent réoxygéner ces zones asphyxiées (voir p. 190). À la fin du massage, pour en améliorer encore le résultat, buvez un grand verre d'eau ou de tisane de fenouil, à petites gorgées (jamais froide ou glacée).

La chirurgie esthétique

Difficile de parler de « coup de pouce » lorsqu'on aborde la chirurgie. Il s'agit pour le moins d'une technique plus « musclée » ! Pourtant, dans certains cas spécifiques, la chirurgie esthétique constitue une réponse adaptée, que je recommande.

Il existe deux types de réponses chirurgicales aux problèmes de surpoids. La première n'a pas sa place dans ce livre : pose d'anneau gastrique, diminution partielle du volume de l'estomac, résection locale du tube digestif... Ces interventions ne sont indiquées que dans les cas de grande et grave obésité, lorsque l'excès de poids est tel qu'il menace le processus vital et l'équilibre psychique.

Elles appartiennent au monde hospitalier et demandent un suivi très sérieux, à la fois diététique, biologique, endocrinologique et psychologique.

La seconde voie chirurgicale, plus classique et plus connue du grand public, est celle de la chirurgie esthétique. Les deux interventions les plus courantes sont la **lipoaspiration** et la **liposculpture** du corps. De nos jours, il n'y a quasiment plus de différence entre ces deux techniques, car le savoir-faire et les législations ont évolué de manière très positive. Tout bon chirurgien qui pratique une lipoaspiration est aujourd'hui compétent pour redistribuer en douceur une partie de la graisse aspirée dans d'autres zones contiguës du corps, afin d'harmoniser l'ensemble du tissu graisseux et de « sculpter » esthétiquement les courbes du corps (en évitant les creux et les bosses très disgracieux des tissus).

Il convient toutefois d'aborder ces techniques avec prudence et de ne pas leur demander plus qu'elles ne peuvent apporter. Elles sont indiquées seulement dans certains cas précis : les amas de graisse ou de cellulite très localisés, fibrosés, inflammatoires, cloisonnés, qui demeurent après que l'on a retrouvé son juste poids (voir chap. 12, « Cellulite et ventre rond », p. 187).

Le choix est alors simple : soit on garde ces rondeurs qui risquent de devenir un point de fixation névrotique sur lequel on projette toutes ses insatisfactions ; soit on se soumet à une restriction alimentaire tellement stricte qu'elle risque de déséquilibrer et de carencer l'organisme sans pour autant donner les résultats escomptés ; soit on a recours à une intervention de chirurgie esthétique locale, parfaitement indiquée et qui a toutes les chances de donner de bons résultats.

Dans l'immense majorité des cas, je déconseille les interventions esthétiques (sur les tissus graisseux, s'entend) lorsque la personne n'a pas réussi à maîtriser son surpoids, car une seconde intervention (dans le meilleur des cas) risque d'être nécessaire en fin de parcours, après la cure d'amincissement. Il faut donc impérativement maîtriser son poids et rééduquer son métabolisme avant d'attaquer les dernières zones rebelles, s'il en reste, à l'aide d'un acte de chirurgie esthétique.

Lorsque l'indication est clairement et justement posée, il reste à choisir le « bon » chirurgien. Mais pour choisir, il faut avoir le choix. Je conseille donc de consulter plusieurs médecins[1]. Écoutez le bouche à oreille, sélectionnez les deux ou trois meilleurs et prenez un rendez-vous avec chacun d'eux. Cela vous coûtera le prix d'une ou deux consultations supplémentaires, mais ce ne sera pas une dépense perdue. **Choisissez celui avec lequel vous vous sentez le plus en confiance, dont la voix vous plaît, qui vous fournit une écoute attentive et patiente ; qui vous offre également les explications les plus claires, qui vous propose plusieurs solutions...** Et aussi celui qui possède la meilleure qualification. Un chirurgien esthétique est d'abord un chirurgien ou un médecin spécialiste qui s'est qualifié ensuite en esthétique. Renseignez-vous sur son droit d'exercer et sur ses diplômes.

Fuyez toute intervention proposée dans l'arrière-chambre d'un cabinet médical, dépourvu des équipements d'hygiène et de sécurité liés aux risques inhérents à une anesthésie. Les seules interventions qui échappent à ce conseil sont les « micro-aspirations-sculptures », effectuées

1. Que mes confrères me pardonnent ce conseil, qui ne s'applique qu'à quelques cas très particuliers. Il ne s'agit surtout pas de mettre les médecins en compétition en multipliant inutilement les examens médicaux. Mais ce conseil est lié à l'importance d'un indispensable contexte psychologique de confiance. Pour autant, il ne faut pas nier les abus de certains praticiens qui ont poussé trop loin la surenchère de manière strictement commerciale !

sous anesthésie locale légère. Mais elles doivent tout de même être pratiquées dans un espace parfaitement adapté aux normes en vigueur en matière d'hygiène et de stérilité.

Enfin, si la perspective de cette intervention éveille en vous des sentiments de peur, d'angoisse, de phobie, n'hésitez pas à vous faire aider par un psychothérapeute compétent. Certains se sont spécialisés dans les troubles de l'image du corps (dysmorphophobie), et la plupart des services de chirurgie esthétique sérieux disposent d'un psychologue ou d'un psychiatre attaché à la consultation, qui peut vous fournir ce précieux soutien.

Ce qu'il faut retenir

- **Pour vous aider dans votre cure minceur, vous pouvez bénéficier du soutien de certains oligoéléments et plantes spécifiques à l'efficacité parfaitement établie : magnésium, lithium, chrome, radis noir, fenouil, orthosiphon, fucus...**
- **N'oubliez pas de pratiquer une activité physique (pas forcément sportive !). Inutile de trop forcer, l'essentiel est de pratiquer souvent et régulièrement une activité ludique adaptée à vos goûts.**
- **Associez à votre programme minceur des techniques manuelles qui ont fait leurs preuves : massage, drainage lymphatique, palper-rouler...**
- **Et si, lorsque vous avez atteint votre juste poids, vous apercevez quelques amas localisés (réellement disgracieux) de graisse ou de cellulite ayant résisté à tous vos efforts, vous pouvez avoir recours à la chirurgie esthétique.**
- **Adressez-vous pour cela à un praticien qualifié opérant dans un cadre agréé. Et n'hésitez jamais à avoir recours aux conseils ou au soutien d'un psychologue spécialisé.**

10

LES AUTRES BIENFAITS DE LA MÉTHODE SLIM-DATA

Lorsque vous prenez l'habitude de surveillez le SLIM-data global de vos repas, il se produit un rééquilibrage métabolique qui a un retentissement positif sur tout votre organisme. Une grande partie de vos fonctions vitales profitent de cette rééducation naturelle. Ses effets secondaires vous sont donc tous bénéfiques. En voici les principaux.

• **La méthode SLIM-data aide à lutter contre la fatigue chronique.** La fatigue est une « parole du corps » qu'il est très important de savoir entendre. Lorsqu'on ressent une fatigue ponctuelle et intense, le message est clair : « Stop ! Il est urgent de se reposer. » Mais il est des fatigues qui résistent au repos et affaiblissent le corps et l'esprit. Ces dernières doivent faire l'objet de toute votre attention. Consultez d'abord votre médecin généraliste, qui pourra vérifier que cette fatigue n'est pas un symptôme révélant une pathologie sous-jacente. Une fois cette hypothèse écartée, il vous faut absolument revoir votre hygiène de vie. Et, en premier lieu, votre hygiène alimentaire.

Les déséquilibres nutritionnels sont à la base des crises d'hypoglycémie, dont la fatigue est l'un des premiers signes. En rééquilibrant le fonctionnement métabolique global, cette méthode élimine progressivement ces crises. Une nouvelle vitalité naturelle s'installe rapidement, en même temps que la perte de poids. L'équilibre métabolique est la voie la plus courte pour retrouver un vrai tonus, respectueux du corps et... durable !

• **Cette méthode aide à améliorer la qualité du sommeil.** La qualité du sommeil, dans toutes ses phases, est directement liée à l'état d'harmonie du cerveau (organe) et de détente du psychisme (pensées, émotions...). L'harmonie du cerveau est étroitement liée à son approvisionnement en sucre (glucose), qui doit être régulier. Les pics de sucre dans le sang et les phases d'hypoglycémie qui en résultent perturbent le flux des neuromédiateurs cérébraux. Le sommeil en est perturbé : difficultés d'endormissement, mauvaise qualité du sommeil, réveils nocturnes, agitation... Du coup, le sommeil est peu réparateur, ce qui contribue à installer un état de fatigue latent et à diminuer la résistance au stress. Or, ce sont autant de processus qui aggravent la prise de poids. Le rééquilibrage métabolique lié à cette méthode favorise un sommeil de bonne qualité et une meilleure récupération. Cela suffit souvent pour briser ce cercle vicieux.

• **Elle agit favorablement sur la concentration et la mémoire.** Comme nous l'avons vu dans les deux paragraphes précédents, un déséquilibre métabolique chronique perturbe directement tous les mécanismes, performants mais fragiles, du fonctionnement cérébral : gestion de la satiété, fluctuation de l'humeur, tonus psychique, qualité du sommeil... Et aussi, pour les mêmes raisons, mémoire et concentration. Tout est lié ! Une bonne hygiène alimentaire, fondée sur le contrôle du SLIM-data des aliments, permet au cerveau et au système nerveux de fonctionner dans les meilleures conditions, améliorant les processus complexes de la mémoire et de la concentration.

• **Elle aide à améliorer la résistance au stress.** Le stress est une énergie mobilisatrice du système nerveux (voir p. 150) dont **l'excès peut perturber l'organisme et le psychisme, accentuer la prise de poids et favoriser la cellulite**. Il est d'autant mieux contrôlé que le cerveau et le système nerveux fonctionnent bien ; que le sommeil est de bonne qualité ; que nous jouissons d'une bonne vitalité ; que mémoire et concentration ne nous font pas défaut ; que notre humeur positive et joyeuse nous permet de relativiser les problèmes quotidiens et d'y apporter facilement des réponses satisfaisantes. Comme la rééducation métabolique induite par cette méthode agit à tous ces différents niveaux, il n'y a rien d'étonnant à ce qu'elle contribue à une meilleure gestion du stress !

• **Elle apporte une voie de réponse naturelle à la spasmophilie.** Le terme « spasmophilie » provoque encore de nombreux débats. Si, en France, nous l'employons volontiers, les Anglo-Saxons préfèrent inclure ce phénomène dans les « dystonies neurovégétatives[1] ». Qu'importe ! Dans tous les cas, les symptômes sont les mêmes : une fatigue chronique physique et psychique, que l'on peut parfois confondre avec une subdépression ; une anxiété diffuse ; des bouffées d'angoisse ; des traits névrotiques légers (peurs existentielles, petites phobies, hypocondrie...). Il s'agit donc d'un terrain très complexe. Les traitements biologiques (supplémentation en oligoéléments) font parfois merveille, mais il arrive aussi qu'ils ne fassent aucun effet. Dans ce cas, les techniques psychocorporelles peuvent s'avérer efficaces (sophrologie, training autogène de Schultz, hypnose ericksonienne...), mais

1. Plus précisément, ils présentent la spasmophilie comme un « trouble des échanges ioniques en calcium ou en magnésium », ce qu'en France nous appelons « tétanie ».

pas toujours ! C'est donc un vrai casse-tête pour les médecins. Cette maladie bénigne (bien qu'elle puisse être très invalidante pour certains) étant plurifactorielle, je propose à mes patients une solution thérapeutique qui associe trois techniques :
– **d'abord, un rééquilibrage métabolique** alimentaire, pour fortifier l'assimilation des nutriments essentiels et renforcer la recharge nerveuse ;
– **ensuite, une bonne hygiène physique**, grâce à une activité ludique, pratiquée sans esprit de compétition (marche, aquagym...), trois fois par semaine. Quand on est physiquement actif, les crises s'espacent et diminuent d'intensité. À l'inverse, le sport pratiqué de manière trop intensive aggrave la spasmophilie ;
– **enfin, une bonne hygiène psychique**, grâce à une pratique psychocorporelle régulière. La *respiration minceur* (voir p. 153) peut parfois s'avérer suffisante (cinq minutes, trois fois par jour). Mais lorsque la spasmophilie est plus ancienne et plus sérieuse, il faut avoir recours à une technique plus élaborée, comme le training autogène du Dr Schultz. Pour vous former, prévoyez une dizaine de cours auprès d'un psychothérapeute compétent ou en milieu hospitalier. Ensuite, vous pourrez pratiquer seul, de manière régulière.

Si vous suivez ces quelques conseils pendant un mois, vous constaterez une amélioration, c'est certain. Dans 80 % des cas, la spasmophilie disparaît naturellement au bout de trois mois. Ce trio de techniques fait merveille aussi pour soulager les migraines chroniques (une fois que toute origine pathologique a été écartée).

• **Cette méthode participe aussi au ralentissement des effets du vieillissement.** Le vieillissement (ou plus précisément les processus biologiques du vieillissement) est un sujet encore plus vaste et plurifactoriel que la spasmophilie, donc plus difficile à cerner. Cependant, il ressort des communications scientifiques récentes quelques points clés.

Il n'existe pas aujourd'hui de médicaments ou de compléments alimentaires capables de retarder vraiment les processus de vieillissement. Pourtant, on peut lutter contre certains des mécanismes biologiques qui accélèrent ces processus et en aggravent l'intensité. Jusqu'à l'orée des années 2000, les antioxydants et la DHEA semblaient parés de toutes les vertus anti-âge. Des études sérieuses ont démontré leurs avantages bien réels... mais aussi leurs limites. Il ne sert à rien d'avaler des doses massives de ces substances, c'est l'équilibre et le ciblage biologiques des formules antioxydantes qui assurent leur efficacité.

Une nouvelle science de l'anti-âge est née de la recherche en biologie cellulaire[1]. Cette recherche a placé sous le feu des projecteurs un petit organite intracellulaire, la mitochondrie, qui gère notre production d'énergie (l'ATP) ainsi que de nombreux facteurs de vie et de mort cellulaire. Si nous avions toujours l'âge « de nos artères », nous avons aujourd'hui surtout celui « de nos mitochondries » !

L'une des meilleures manières de conserver la jeunesse et la vitalité de ces petites usines anti-âge, c'est de ne pas les surmener inutilement. Comme leur « nourriture » est fournie par les sucres et les graisses alimentaires, leur fonctionnement est d'autant plus harmonieux que le flux d'insuline est régulier. Ainsi, le rééquilibrage métabolique, s'il n'empêche pas directement de vieillir, permet tout de même à l'organe cellulaire le plus impliqué dans le vieillissement

1. Notamment les travaux exceptionnels menés par l'équipe du Dr Ameisem, de Lille, sur les processus de dégénérescence cellulaire.

de fonctionner dans les meilleures conditions. C'est par l'intermédiaire de ce mécanisme délicat que cette méthode participe à la protection contre les effets de l'âge.

Il existe actuellement aux États-Unis une voie de recherche, testée avec succès sur les souris, qui tend à repousser les limites de l'âge par un apport alimentaire sévèrement contrôlé et hypocalorique (sans que l'objectif soit la perte de poids). Le « pape » de cette technique, Roy Walford, a fait de nombreux adeptes outre-Atlantique. Cependant, il convient d'émettre quelques réserves : d'abord, le passage théorique du métabolisme de la souris à celui de l'homme reste à prouver ; ensuite, une alimentation hypocalorique chronique finit par entraîner une baisse de moral. Faut-il chercher à vivre plus vieux à tout prix, ou plutôt à vieillir dans de bonnes conditions ? Le choix reste encore à faire. Rendez-vous dans cinquante ans à la Walford Team !

Ce qu'il faut retenir

- **En limitant puis en faisant disparaître les crises d'hypoglycémie quotidiennes, le rééquilibrage métabolique induit par la méthode SLIM-data permet de réguler nombre de fonctions biologiques essentielles au bien-être et à la vitalité.**
- **Cette méthode participe à l'amélioration de la qualité du sommeil, qui devient plus réparateur.**
- **Elle participe à l'amélioration des processus de mémorisation et de concentration.**
- **Elle participe à l'amélioration de la résistance aux stress quotidiens.**
- **Associée à une bonne hygiène physique et psychique, elle améliore le quotidien des personnes ayant un terrain spasmophile.**
- **Enfin, en protégeant indirectement le travail des mitochondries au cœur de nos cellules, elle harmonise une partie des processus biologiques de lutte contre le vieillissement.**

11

LES RÉGIMES AMAIGRISSANTS : PROMESSES ET LIMITES

Si vous faites partie des nombreuses personnes en surpoids qui ont déjà tenté plusieurs fois de maigrir en suivant un régime restrictif, dissocié ou déséquilibré, vous vous demandez peut-être pourquoi vos efforts n'ont pas porté leurs fruits, et pourquoi vous avez toujours repris tout ou partie des kilos perdus (voire pris quelques kilos en prime). Voici quelques explications quant aux mécanismes induisant les effets pervers de nombreux régimes qui, hélas, font encore référence.

Les régimes hyperprotéinés

Comme leur nom l'indique, les régimes hyperprotéinés privilégient massivement l'apport en protéines. Selon les cas, il est conseillé soit de privilégier (ou même de manger exclusivement) des aliments à forte teneur en protéines (viande, poisson, œufs, laitages...), soit de se nourrir en partie de sachets-repas contenant des protéines pures (aromatisées) à diluer dans de l'eau ou du lait. Plusieurs types de régimes se rangent dans cette catégorie. C'est le cas par exemple du célèbre régime Atkins[1], dans lequel en plus on oublie trop souvent de limiter les graisses, ce qui peut avoir un effet dévastateur sur le système cardiovasculaire. C'est le cas également du régime Protal, moins dangereux, dans lequel on limite l'apport en graisses et l'on alterne tous les cinq jours une séquence d'alimentation uniquement protéinée et peu grasse (viande, poissons, œufs, laitages à 0 %) et une séquence au cours de laquelle ces aliments protéinés sont associés à des légumes. C'est le cas enfin du régime Peltriaux, dans lequel toute l'alimentation est organisée autour des protéines en sachets citées plus haut… Pour n'en citer que quelques-uns.

Ces régimes fonctionnent selon un principe simple : privé de glucides, l'organisme est rapidement « en manque » ; le cerveau et les muscles, notamment, réclament rapidement « leur » sucre pour fonctionner correctement. Si vous persistez à ne pas lui en fournir par l'alimentation, le corps se voit contraint d'appliquer son plan d'urgence : déstocker sa propre graisse afin de la transformer en sucre (la réserve en sucre du corps est tellement minime qu'elle permet de tenir au plus quelques heures). Donc, on maigrit ! Cette nouvelle transformation des graisses en sucres entraîne la production de corps cétoniques, qui agissent sur le cerveau comme des tonifiants légèrement euphorisants. On maigrit en gardant son tonus et sa bonne humeur… Les résultats sont rapides. Mais le corps, plongé en état de déséquilibre, ne peut supporter longtemps cette situation d'urgence. À l'arrêt du régime, la fatigue s'installe et des pulsions

1. Le Dr Atkins, initiateur de ce type de régime, avait mis au point sa méthode pour soigner les obèses. Il pratiquait en milieu hospitalier et encadrait soigneusement les cures. Son efficacité a rapidement fait connaître sa méthode au grand public, sans qu'y soient associées les règles de prudence et la surveillance biologique (et psychologique) indispensables.

alimentaires réactionnelles, parfois violentes, poussent à consommer en grande quantité ces glucides que l'on avait mis à l'écart. Effet yo-yo garanti !

Mon avis : ce type de régime offre **quelques avantages apparents, pour de gros inconvénients cachés !** Certes, l'amaigrissement est bien réel et l'on conserve tonus et moral le temps du régime. En outre, le SLIM-data des repas protéinés est très bas, car protéines et graisses ont un index inférieur à 40. Mais tout ce régime repose sur un état de déséquilibre métabolique permanent, car la cétose, qui inonde rapidement le cerveau, procure un « faux » tonus moral et une « fausse » vitalité . En réalité, les organes d'élimination sont rapidement surchargés, surtout les reins. Enfin, dernier inconvénient « de poids » : le cerveau garde en mémoire cette privation de sucre et vit la cétose comme une période de disette. À l'arrêt du régime, le faux tonus s'effondre, et le cerveau induit alors une douce boulimie de sucre. **La reprise des kilos est donc aussi rapide que l'avait été la perte**, avec la plupart du temps quelques kilos supplémentaires.

La rapidité de la perte de poids (jusqu'à 1,5 à 2 kg par semaine) explique le pouvoir de séduction de ce type de régime. **Mais faites attention à votre santé :** si vous dépasser sept jours de régime consécutifs sans suivi médical, vous risquez de « décompenser » physiquement aussi bien que nerveusement, et de fatiguer inutilement vos reins. Ne dépassez pas deux sessions hyperprotéinées de sept jours par an. Pensez à boire beaucoup d'eau pendant ces sessions, de façon fractionnée. En fait, ce régime est utile seulement pour les grands obèses, qui le suivent en milieu hospitalier en bénéficiant d'un suivi biologique, physique et psychologique constant.

Les régimes dissociés

Leur principe est simple : il s'agit de ne pas manger ensemble certains aliments. Dans le régime dissocié strict, vous ne mangez qu'un seul type d'aliment par jour pendant une semaine. Le lundi, vous vous nourrissez exclusivement de poisson, le mardi de légumes, le mercredi de viande, le jeudi de fruits, le vendredi d'œufs, le samedi de laitages... Cette version repose sur une autorestriction alimentaire induite par la monotonie gustative ! De fait, lorsqu'on ne peut manger que du poisson pendant toute une journée, on en mange assez peu car cela devient vite écœurant. L'amaigrissement s'accompagne d'une grande frustration, qui pousse à manger davantage de tout dès que la semaine est terminée.

Il existe une version plus « soft » du régime dissocié : il s'agit alors de ne pas mélanger au cours du même repas les aliments protéinés (viande, poisson, fromage...) et les aliments glucidiques (céréales, fruits, pâtes, pommes de terre...). Dans ce cas, c'est le métabolisme des glucides et des protéines qui est modifié[1], car on ne les assimile pas de la même manière selon qu'ils sont absorbés séparément ou en même temps.

Mon avis : tous les régimes qui misent sur le « dysmétabolisme » entendent obliger et forcer le corps à compenser des manques. **Tous ces régimes sont voués à l'échec, même s'ils affichent des résultats prometteurs au cours des premiers jours.** Au bout de dix jours de régime, on « craque » ; suivent dix jours de boulimie douce, plus ou moins contrôlée ; et l'on

1. Il s'agit là, bien sûr, d'une simplification des processus métaboliques en jeu, qu'il serait trop long et trop ardu de développer ici avec précision.

repart pour dix jours de régime… Ces alternances de carence et de surcharge alimentaire pénalisent la santé des candidats à la minceur. Elles sont souvent à l'origine du surpoids chronique, parfois associé à un état subdépressif.

N'oubliez jamais que votre cerveau et vos cellules possèdent une mémoire, pour le meilleur (mémoire-minceur) comme pour le pire (privations et frustrations). **Attention à ne pas réveiller la « mauvaise » mémoire !**

■ *Les régimes hypocaloriques*

Ce sont les plus répandus depuis un demi-siècle. Ils sont fondés sur le contrôle permanent et la restriction calorique, dont nous avons déjà évoqué les méfaits (voir p. 20). Certains de ces régimes proposent des menus fixes pour chaque jour de la semaine. C'est le cas du régime de la Mayo Clinic ou du régime Scarsdale. On n'a pas à se demander ce que l'on peut ou non manger, tout est inscrit sur la feuille que l'on vous fournit. Dans un premier temps, la restriction alimentaire provoque une perte de poids. Mais cela ne dure pas. **Cette dictature alimentaire devient rapidement insupportable et l'on a envie de manger de tout, sauf ce à quoi on a droit !** Passé quelques jours, parfois une semaine pour les plus courageux, la pulsion alimentaire devient trop forte et l'on se livre à des écarts nutritionnels à la hauteur des privations que l'on s'est infligées.

Mon avis : comme je l'ai expliqué au début de ce livre (voir p. 21), le corps se croit en équilibre avec son surpoids. Tous les régimes hypocaloriques tentent de le forcer à diminuer ce poids, sans avoir rééduqué son centre de la satiété ni réveillé sa mémoire-minceur. Ils font alors de la minceur un but stressant, une équation mathématique, avec pour seule variable la calorie. Même si c'est mathématiquement juste, c'est biologiquement, nerveusement et psychologiquement faux ! Car, lorsque le corps a perdu du poids, il se croit en déséquilibre avec cette nouvelle minceur et n'a qu'une envie : reprendre ces kilos qu'il considère comme faisant partie de son juste poids. C'est ainsi que tous les régimes hypocaloriques conduisent tout droit au surpoids chronique et à l'obésité progressive, comme le montrent toutes les études épidémiologiques les plus récentes.

La méthode Montignac

Ce régime est fondé sur deux principes. Le premier rejoint ceux que nous avons évoqués dans ce livre : il s'agit de limiter les aliments ayant un index glycémique élevé. Le second rejoint ceux des régimes dissociés : on ne mélange les glucides ni avec les protéines ni avec les lipides.

Les frustrations alimentaires sont limitées : on peut par exemple manger des pâtes, mais dissociées des protéines et des matières grasses ; on peut manger du fromage, mais sans pain ; on peut manger des fruits, mais seulement en dehors des repas... C'est donc un régime que l'on peut suivre longtemps sans trop de difficultés.

Mon avis : bien que n'étant ni médecin ni nutritionniste (mais un passionné de nutrition, ce qui est tout à son honneur) M. Montignac propose avec sa méthode une approche intelligente et modérée (ce qui explique sans aucun doute son succès commercial !). Cette méthode reste celle d'un précurseur, et à ce titre je la salue avec un grand plaisir. Plutôt que de vraies critiques, elle m'inspire des suggestions (suggestions que la science est venue conforter au cours des dernières années). Il est vrai que les protéines associées aux féculents sont plus difficiles à digérer. Mais elles sont plus faciles à assimiler si l'on respecte quelques règles simples : si les protéines constituent la plus grosse portion, on peut leur associer un peu de féculents ou des céréales et des légumes. Si les féculents ou les céréales constituent la plus grosse portion, on n'y associe que peu de protéines. La dissociation totale entre les féculents et les protéines peut nuire au rééquilibrage des index minceur et retarder l'amincissement, et parfois le bloquer. Néanmoins, il s'agit d'une méthode raisonnable, servie par des produits alimentaires de qualité.

Le régime Weight Watchers

Les personnes qui désirent suivre ce régime s'inscrivent à des groupes auxquels elles participent chaque semaine. Elles se rencontrent, comparent les résultats de leurs efforts, reçoivent soutien ou félicitations… Côté alimentation, elles se voient remettre un petit carnet dans lequel les aliments sont classés en fonction d'un système de points : une portion de fromage de chèvre frais représente 1,5 point ; 20 g d'abricots secs, 2 points ; une part de clafoutis, 5 points ; un verre de porto, 2 points ; deux tranches de saumon fumé,

2,5 points... Il suffit de combiner ses repas de manière à absorber en moyenne 18 points par jour (un peu plus ou un peu moins en fonction de votre corpulence, de votre taille et du nombre de kilos que vous avez à perdre).

L'association qui a mis ce régime sur le marché ne livre que peu d'informations sur la logique qui préside à l'attribution des points mais le système d'encadrement psychologique convient aux personnes qui ont du mal à modifier seules leur manière de manger.

Mon avis : il s'agit d'un régime ancien, historiquement fondé, encore une fois, sur une restriction principalement calorique[1]. Il est donc soumis aux limites exposées plus haut (voir p. 179). Cependant, il s'agit d'une belle réussite en ce qui concerne l'organisation des cercles de soutien. L'équilibre psychologique est ici parfaitement assuré. Du moins, tant que dure l'appartenance au groupe. Mais on ne peut pas rester au sein d'une telle organisation *ad vitam aeternam* ! Lorsque les participants ont atteint le poids qu'ils s'étaient fixé, ils quittent la structure, forts de leurs kilos perdus mais sans avoir rééduqué leur centre de la satiété et sans avoir réellement compris les mécanismes minceur. C'est généralement une cause de rechute.

La chrono-nutrition

Le « pape » de la chrono-nutrition en France est le Dr Alain Delabos, et c'est un grand professionnel, qui affiche d'excel-

1. Même si le nouveau système de points semble intégrer la notion d'index glycémique.

lents résultats. Sur quoi repose la chrono-nutrition ? Notre organisme possède une horloge biologique interne (selon les dernières recherches effectuées dans ce domaine, nous aurions même deux horloges biologiques). C'est elle qui fait sécréter les hormones à certaines heures, qui stimule les reins et la production de cortisol le matin, le système digestif un peu plus tard... Si vous savez apporter à votre métabolisme ce dont il a besoin au moment de chaque opération, vous éviterez le surstockage inutile des graisses. C'est le principe de ce régime : aucun aliment n'est interdit, il suffit de le manger au bon moment.

Le matin, il est conseillé de se nourrir de matières grasses animales (beurre, fromage, jambon) et de pain. À midi, il faut manger de la viande et des glucides (pâtes, riz, pommes de terre...). L'heure du goûter (un repas jugé très important) est réservée aux graisses végétales et aux aliments sucrés (avocat, olives, crème de marrons, chocolat noir...). Enfin, le repas du soir est le plus léger : on peut le sauter si l'on n'a pas faim, ou se contenter de fruits ; on peut aussi manger du poisson et des légumes. Il faut essayer de manger à des heures régulières, afin de respecter au maximum les rythmes immuables de l'organisme.

Mon avis : Cette méthode constitue un excellent « aide-minceur[1] », mais il ne s'agit pas d'une véritable technique antikilos, même si elle est très souvent utilisée à cette fin. Elle fait merveille pour alléger les digestions lourdes et soulager les petits problèmes digestifs. D'ailleurs, dans ma pratique quotidienne, j'adjoins toujours des conseils de chrono-nutrition, car cette façon de s'alimenter la valorise, en la rendant encore plus globalement rééquilibrante.

1. Vous pouvez consulter l'ouvrage de référence *Mincir sur mesure grâce à la chrono-nutrition* (nouvelle édition), Albin Michel, 2005.

Les monodiètes et les régimes-modes...

Les monodiètes (comme le régime ananas ou banane ou raisin ; soupe au chou ou betterave ou artichaut... !) ne doivent absolument pas devenir des programmes d'amaigrissement ! Le fait de ne manger qu'un seul aliment pendant plusieurs jours peut avoir un effet drainant qui désintoxique l'organisme, mais, contrairement à ce que certaines personnes peuvent croire, **ce n'est en aucun cas une manière de maigrir**.

Leur principe est simple. Pendant quatre jours, on supprime peu à peu les différentes catégories d'aliments, afin de ne conserver que des végétaux (on supprime d'abord la viande, puis le poisson, puis les matières grasses, puis les céréales). Ensuite, pendant un à cinq jours au maximum, on se nourrit uniquement d'un fruit ou d'un légume ayant des vertus drainantes (le raisin qui draine les reins, les fraises ou les artichauts qui nettoient le foie, les poireaux qui lavent les intestins et les reins...). Puis on réintègre dans son alimentation les différentes catégories d'aliments, dans l'ordre inverse de leur suppression (d'abord les céréales, puis les matières grasses, puis le poisson et la viande).

Il est dangereux de pratiquer ces monodiètes sans suivi médical pendant plus de cinq jours et de les renouveler plus de trois à quatre fois par an.

Mon avis. les monodiètes sont d'excellentes techniques... médicales ! Elles sont connues depuis l'Antiquité pour ce qu'elles peuvent vraiment apporter : une désintoxication annuelle (ou bisannuelle) de l'organisme pour des personnes en bonne santé. Durant ces cures, on perd accessoirement quelques kilos, mais l'amincissement n'est en aucun cas le but. Ces kilos sont très rapidement repris car ils ne reposent sur aucun rééquilibrage métabolique. En tant que praticien pluridisciplinaire, je recommande souvent ces cures de cinq jours (deux fois par an) aux personnes en bonne santé désireuses de drainer leur organisme à la sortie de l'hiver ou de renforcer leur immunité avant la saison froide. **Mais la minceur ne doit en aucun cas être la finalité des monodiètes. Un tel but les rendrait même dangereuses**, car il forcerait ceux qui les pratiquent à les prolonger au-delà de quelques jours, ce qui plongerait leur métabolisme dans un profond déséquilibre associé à de graves carences.

Ce qu'il faut retenir

- **Il existe déjà de très bonnes méthodes pour perdre du poids. Mais il existe aussi à ce jour des dizaines, sinon des centaines de régimes antisanté. Même s'ils sont promus par des personnalités (acteurs, top models...), ils sont parfois très déséquilibrés, voire loufoques... pire, dangereux pour certains.**
- **Il faut apprendre à les reconnaître, pour en mesurer les limites.**
- **Tout ce qui ne rééquilibre pas avant de faire maigrir ne peut pas être durable (effet yo-yo assuré).**
- **Les régimes alimentaires sont généralement fondés sur la restriction quantitative (calories), la restriction qualitative (monodiètes, régimes hyperprotéinés) ou les dissociations diverses.**
- **Tous veulent forcer le corps à maigrir avant de l'avoir apprivoisé. C'est alors la mémoire cellulaire de la frustration que l'on réveille, et non celle du juste poids.**
- **C'est pourquoi ces régimes, même s'ils peuvent faire réellement maigrir à très court terme, aboutissent toujours à une reprise rapide du poids perdu, avec quelques « petits » kilos en sus, qui sont la base de l'obésité progressive.**

12
CELLULITE ET VENTRE ROND

Les altérations de la silhouette ne sont pas toujours dues à des problèmes de surpoids. Certaines personnes ne sont pas satisfaites de leur corps, alors même qu'elles n'ont pas réellement de kilos à perdre. C'est le cas notamment lorsqu'elles souffrent de ballonnements digestifs ou qu'elles portent des amas de cellulite localisés. Faire un régime n'est pas, alors, d'un grand secours. Pourtant, dans un cas comme dans l'autre, il existe des solutions efficaces et durables.

■ *La cellulite*

On confond trop souvent cellulite et surpoids. Pourtant, il s'agit de deux processus métaboliques très différents. Tous deux ont un substrat biologique commun : la graisse. Mais leur similitude s'arrête là.

Le surpoids est une augmentation du tissu graisseux en volume (en poids de graisse stockée dans chaque adipocyte, qui se met alors à gonfler), associé le plus souvent à une augmentation du nombre des adipocytes. **La cellulite, elle, ne se développe pas forcément sur**

un terrain de surpoids. Elle peut apparaître chez des personnes ayant un poids normal (voire minces), de manière très localisée. Dans ce cas, il s'agit d'une modification architecturale et métabolique des tissus de soutien graisseux, ne touchant pas directement le nombre et la taille des adipocytes (cellules graisseuses).

La rencontre de la graisse et du stress

L'apparition de la cellulite résulte d'un phénomène métabolique polyfactoriel. Sa formation implique des processus biologiques généraux (graisse, insuline, enzymes adipocytaires...), mais aussi neurohormonaux, circulatoires, et même génétiques (en faible proportion, touchant surtout à la localisation de cette graisse). **S'il est un facteur qui favorise particulièrement la formation de cellulite, ce n'est pas le surpoids, mais le « surstress ».** Et ce, pour une raison simple : l'excès de stress répété finit par déséquilibrer les fonctions neurohormonales (notamment la production et la gestion des hormones féminines qui imprègnent tous les tissus) ainsi que les fonctions neurovasculaires (qui gèrent la nutrition des tissus).

Lorsqu'on est en état de stress répété et prolongé, le corps sécrète en grande quantité et sans interruption les deux principales hormones impliquées dans la gestion du stress : adrénaline et cortisol. Ces deux substances finissent par affecter le système circulatoire en provoquant des microspasmes au niveau des muscles qui gèrent le contrôle des plus petites artérioles. Celles-ci se contractent, puis se spasment, ce qui freine la circulation sanguine dans les zones touchées. Les cellules avoisinantes ne reçoivent plus l'apport en nutriments dont elles ont besoin (oxygène, vitamines, minéraux, acides gras...). Peu à peu, le tissu graisseux s'autoasphyxie.

Fibrose et inflammation

Cette souffrance tissulaire entraîne à son tour deux phénomènes :

– d'abord, la fibrose : les fibres de collagène et d'élastine qui constituent le tissu de soutien cellulaire s'agrègent et meurent ; des cordons légèrement indurés apparaissent, cloisonnant la cellulite et la rendant douloureuse au toucher. Cette fibrose isole les tissus touchés du métabolisme général ;

– ensuite, l'inflammation : le tissu mal nourri et altéré est gagné par des réactions auto-inflammatoires douloureuses. C'est d'ailleurs ce qui explique le nom de la « cellulite » : les termes médicaux se terminant par « -ite » désignent une inflammation des tissus ou des organes, alors que ceux se terminant par « -ose » indiquent leur dégénérescence. En surface, ces tissus enflammés et fibrosés forment des sortes de petites bosses globuleuses, douloureuses au toucher appuyé : c'est la « peau d'orange », cauchemar des femmes soucieuses de leur silhouette.

Il suffit donc d'une rencontre entre de la graisse localisée et des stress répétés pour que la cellulite apparaisse. Or, tout le monde a de la graisse, même les personnes très minces, car le tissu graisseux (même en quantité réduite) est indispensable à la vie.

Un plan d'action en six étapes

La cellulite n'étant pas directement liée au surpoids, les régimes amaigrissants courants n'ont pas grand effet sur elle. La première urgence pour s'en défaire, c'est de décloisonner le tissu graisseux afin de rétablir les échanges métaboliques. La seconde, c'est de mieux gérer les excès de stress et d'apprendre à dédramatiser les situations qui le provoquent. Ces deux axes d'action seront d'autant plus efficaces que vous les associerez à des exercices physiques, afin de renforcer le tissu musculaire sous-jacent, et au contrôle régulier des SLIM-data de vos repas en prévention. Voici donc mon programme d'action en six étapes. Il donne entière satisfaction à nombre de mes patientes.

1re ÉTAPE : LE CONTRÔLE DES INDEX MÉTABOLIQUES, LES SLIM-DATA

En suivant les règles alimentaires que je préconise, vous aiderez votre organisme à limiter le stockage graisseux et le stress tissulaire. Vous libérerez ainsi les zones « à risque » de l'impact du surstockage. Lorsque le tissu graisseux commencera à se reconnecter au métabolisme général, il ne sera pas freiné dans sa régénération par un surplus de stockage, localisé ou périphérique.

En outre, nous savons qu'une partie du stress quotidien est due aux microcrises d'hypoglycémie induites par les erreurs alimentaires. En contrôlant les SLIM-data de vos repas, vous vous libérerez d'une part importante du stress (voir p. 150). C'est toujours ça de gagné, et c'est très précieux dans ce cas précis.

2e ÉTAPE : LE PALPER-ROULER

Pour venir à bout de cette fibrose tissulaire à l'origine de la cellulite, il faut « réouvrir » ce tissu graisseux captif, le faire revivre et le reconnecter au métabolisme général qui va le drainer, le nourrir, rétablir son équilibre en nutriments et l'intégrer à nouveau au métabolisme graisseux général. **Il n'existe aucun produit miracle, ni crème, ni pilule, capable de défibroser les tissus. Mais il suffit d'un geste simple**, effectué au moins deux fois par jour (si possible trois) pendant cinq minutes, pour obtenir des résultats étonnants, surtout si vous l'associez à quelques exercices de drainage lymphatique naturel (voir p. 192, 3e étape).

Ce geste, c'est le palper-rouler.

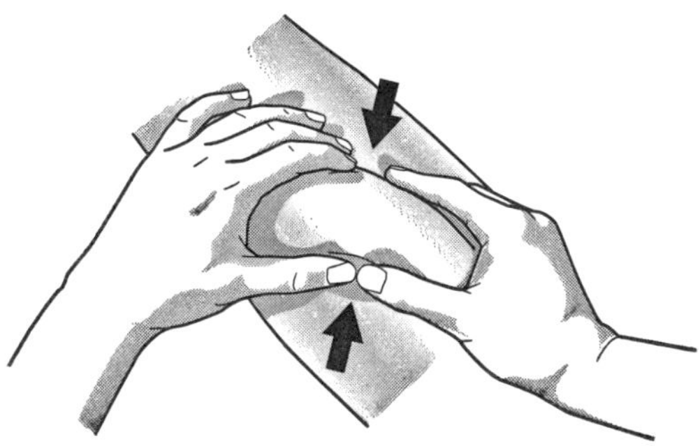

Posez vos deux mains sur la zone à masser, puis pincez entre les pouces et les index un gros morceau de peau (qui tienne dans la main et non entre les doigts).

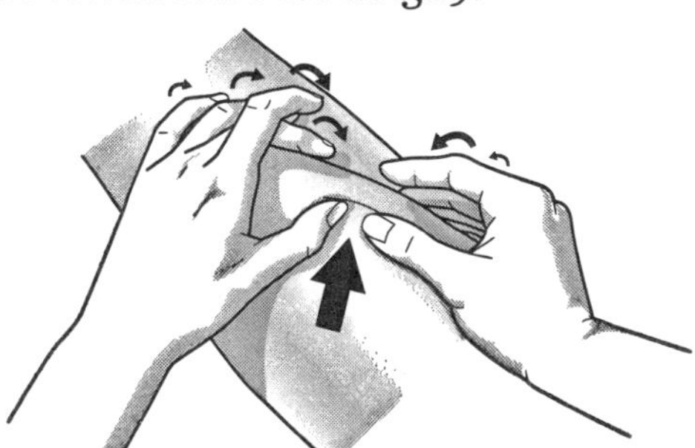

Puis faites-le rouler vers le haut en malaxant avec vos pouces, pendant que vos index « pianotent » pour faire avancer vos mains. Lorsque vous avez parcouru la zone cellulitique, revenez au point de départ et recommencez.

Sur certaines zones (cuisses, ventre, intérieur des genoux...), vous pouvez pratiquer ce geste vous-même. Sur les zones inaccessibles (fesses, hanches...), vous devrez avoir recours à un proche (conjoint, ami...), ou à un professionnel.

Pendant les dix premiers jours, le geste risque d'être douloureux. Patientez, insistez en douceur, mais insistez. La douleur due au cloisonnement tissulaire et à l'inflammation locale va s'atténuer rapidement et le geste va devenir un vrai plaisir.

Pour que le palper-rouler soit encore plus efficace, vous pouvez l'effectuer avec une crème anticellulite. Certaines ont fait la preuve d'une réelle efficacité, notamment celles qui sont riches en caféine. La crème ajoutera un petit « plus » au geste, mais elle n'aura pas grand effet si vous vous contentez de l'étaler sans effectuer le palper-rouler. Au bout de trois semaines, vous verrez de vrais résultats, encourageants, quelles que soient la localisation et l'importance de votre cellulite. Attention : il faut absolument tenir trois semaines car les 15 premiers jours sont très décevants. Tout change à partir du 17e jour. Alors persévérez !

3e ÉTAPE : LE DRAINAGE LYMPHATIQUE NATUREL PAR LA PESANTEUR

En décloisonnant les tissus fibrosés, le palper-rouler renvoie dans la circulation générale une grande quantité de toxines accumulées dans les tissus, que l'organisme doit alors évacuer. Pour l'aider, il suffit d'utiliser un moyen naturel, simple et gratuit : la pesanteur.

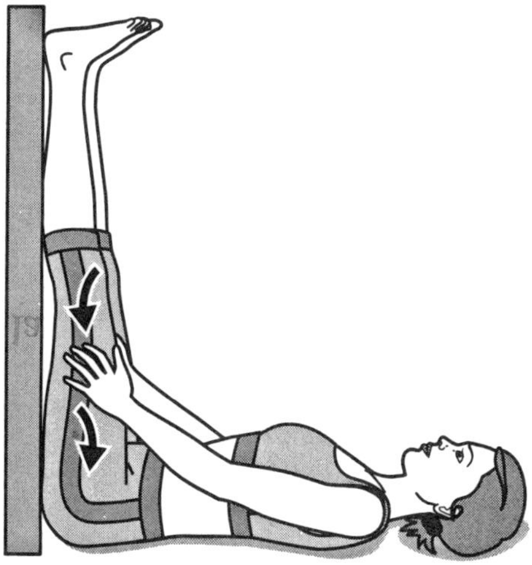

Allongez-vous sur le sol, les fesses contre un mur et les jambes levées à la verticale, posées contre la paroi, de manière à former un angle droit avec votre buste. Restez ainsi pendant 3 minutes, en massant doucement chaque jambe du genou vers la hanche, comme si vous pressiez une éponge, pour accélérer le retour lymphatique.

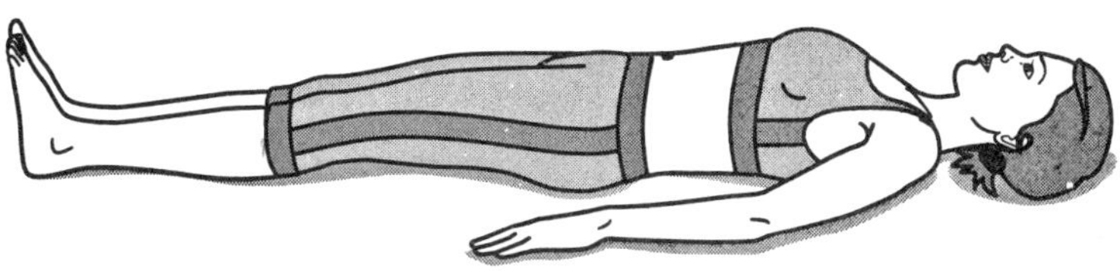

Puis éloignez-vous du mur, posez vos jambes à plat sur le sol pendant 1 minute, et recommencez 2 fois. Le tout dure environ 10 minutes.

Ce petit exercice suffit à donner une sensation de légèreté inhabituelle. Prenez l'habitude de le pratiquer deux fois par jour pendant 3 semaines ; puis 2 fois par semaine régulièrement, et ses bienfaits deviendront permanents.

4e ÉTAPE : LES EXERCICES DE RENFORCEMENT MUSCULAIRE

Pour parfaire l'efficacité de ces gestes anticellulite, prenez le temps de leur associer une pratique physique douce et régulière. Ces exercices aideront à renforcer le galbe du muscle, de manière que les tissus graisseux et cutanés se retendent naturellement contre la surface musculaire. Votre silhouette se redessinera ainsi peu à peu.

Vous pouvez idéalement vous inscrire à un cours de fitness sérieux (dispensé par des moniteurs diplômés), qui travaille de manière sélective sur l'endroit du corps où la cellulite est installée (fessiers, abdos, hanches...). Si vous n'aimez pas la gym, vous pouvez aussi pratiquer l'aquagym, qui donne de très bons résultats, ou même la marche, à condition de marcher à un rythme assez soutenu au moins vingt minutes par jour. Mais le plus simple et le moins onéreux est de pratiquer la gym à la maison. Quelques exercices simples, effectués pendant 5 à 10 minutes tous les jours, suffiront à donner d'excellents résultats. Pour vous aider, mettez une musique rythmée et entraînante !

En voici quelques exemples, parmi les plus efficaces.

POUR MUSCLER LES FESSIERS

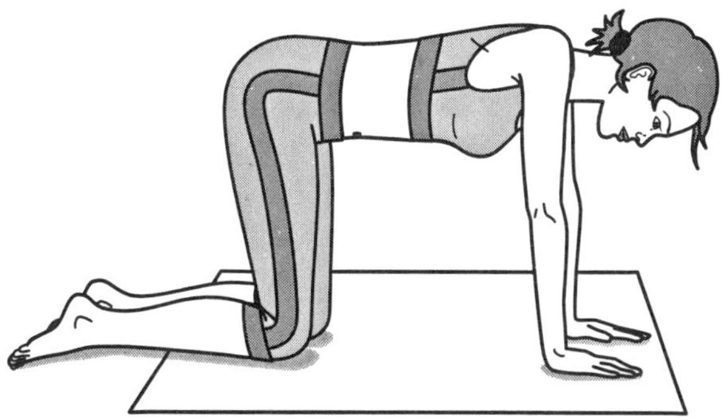

Mettez-vous à quatre pattes sur le sol, les mains posées à l'aplomb des épaules et les genoux à l'aplomb des hanches.

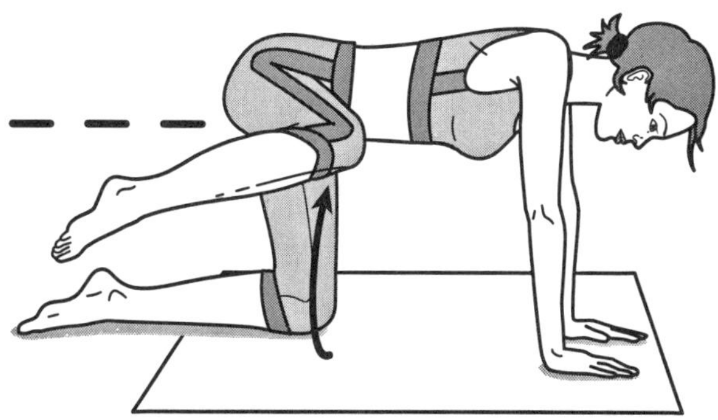

Puis levez la jambe droite, tendue, jusqu'à ce qu'elle soit parfaitement horizontale. Gardez-la dans cette position pendant 10 secondes, puis reposez-la au sol et pratiquez de la même manière avec la jambe gauche. Faites cet exercice 20 fois de chaque côté.

Pour muscler les cuisses et les hanches

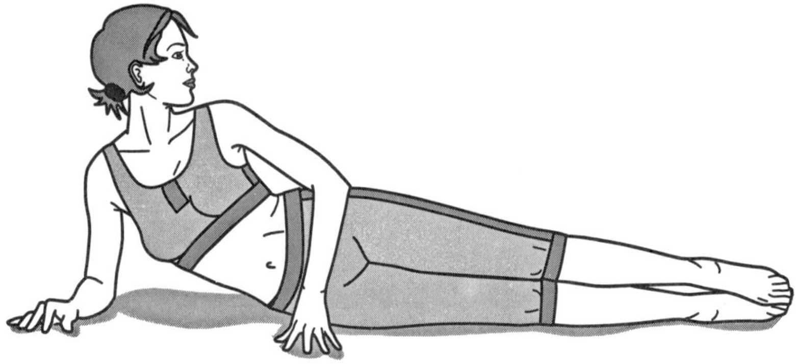

Allongez-vous sur le côté droit, jambes tendues, le buste relevé, le coude droit posé au sol. Votre bras gauche est posé devant vous pour assurer votre stabilité.

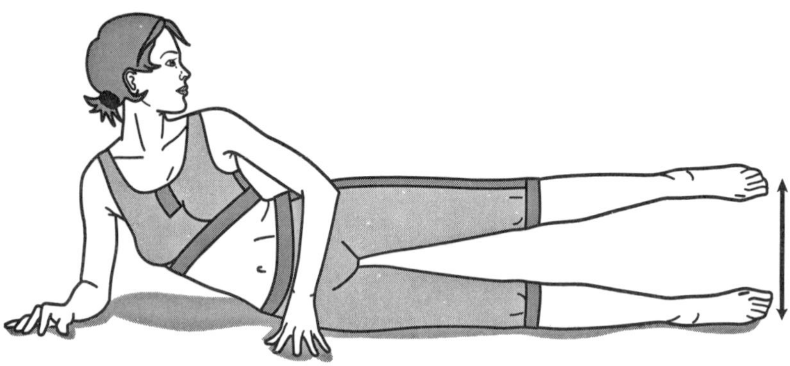

Levez la jambe gauche, bien tendue, et maintenez-la à 40 cm du sol pendant 10 secondes, puis posez-la. Recommencez 10 fois. Puis changez de côté et procédez de la même manière avec l'autre jambe.

POUR MUSCLER LE VENTRE

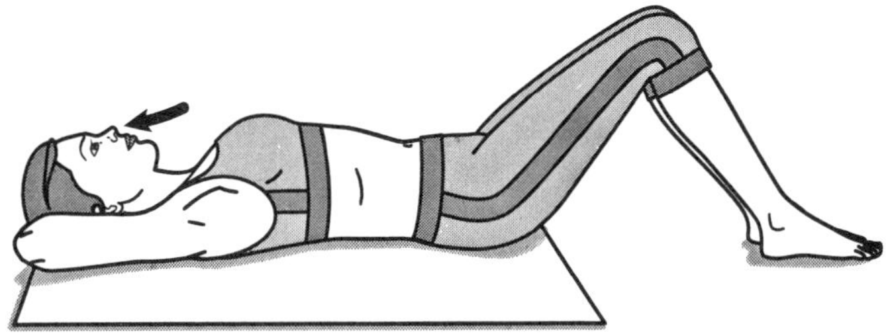

Allongez-vous sur le dos, les mains croisées derrière la tête, les genoux repliés de manière que vos jambes forment un angle droit (important pour ménager les lombaires).

Sans soulever les pieds du sol, relevez le buste sans à-coups jusqu'à ce que vos épaules soient à environ 40 cm du sol Tenez la position pendant 5 secondes puis redescendez lentement. Refaites le même geste de 10 à 20 fois.

5e ÉTAPE : LA GESTION DOUCE DU STRESS

Il existe de nombreuses techniques qui aident à mieux gérer le stress et à mieux s'adapter aux situations stressantes (voir chap. 8, « Mincir, c'est aussi dans la tête », p. 141). Essayez de trouver celle qui vous convient le mieux, de manière à pouvoir pratiquer régulièrement chez vous :

yoga, sophrologie, training autogène, relaxation... Certaines sont plus physiques, d'autres font davantage intervenir la concentration ou les émotions. Dans tous les cas, les techniques antistress impliquent le contrôle de sa respiration. La maîtrise respiratoire est une aide quotidienne précieuse, que vous pratiquiez ou non d'autres techniques antistress. **Efforcez-vous de pratiquer régulièrement la *respiration minceur*** (voir p. 153), elle vous sera d'une grande utilité pour faire face aux événements de la vie quotidienne.

6e ÉTAPE : L'AIDE CHIRURGICALE

Certaines cellulites, installées depuis longtemps, sont très cloisonnées, fibrosées et enflammées. Ces amas cellulitiques siègent souvent au niveau des cuisses (la « culotte de cheval ») ou du ventre (la « bouée »). Chez les personnes n'ayant pas de réel excès de poids, ils sont particulièrement difficiles à éradiquer. Ces poches cellulitiques anciennes, très cloisonnées et donc inaccessibles au métabolisme général, sont souvent rebelles à tous les traitements généraux ou locaux (régime, massages, exercices physiques...). Dans ce cas, une intervention de chirurgie esthétique peut s'avérer un choix pertinent (voir p. 165). C'est même l'une des indications majeures de la liposuccion (lipoaspiration et liposculpture) lorsqu'elle est bien posée.

Ces interventions donnent des résultats d'autant plus satisfaisants que vous aurez pris soin de densifier la masse musculaire avant l'opération. Cela permet au tissu musculaire de « recoller » plus facilement au tissu graisseux et cutané, ce qui sculpte la silhouette de manière plus harmonieuse. De même, vous avez tout intérêt à adopter la **méthode de rééducation métabolique au moins un mois avant l'intervention, afin de limiter le restockage** graisseux dans les régions touchées par l'intervention. Essayez également d'améliorer votre façon de gérer le stress. Si vous mettez ainsi toutes les chances de votre côté, votre décision d'avoir recours à la chirurgie esthétique donnera des résultats durables.

Quand la cellulite est associée au surpoids...

Même si le surpoids et la cellulite correspondent souvent à des processus métaboliques différents, il arrive souvent que des personnes en surpoids aient aussi des problèmes de cellulite ! Il faut alors, avant toute chose, commencer par rééquilibrer le poids.

Surveillez les SLIM-data de vos repas en suivant les trois phases de cette méthode (voir les explications générales, chap. 2 à 6). Dans le même temps, prenez l'habitude de pratiquer chaque jour le palper-rouler, afin de décloisonner les amas de cellulite, et le drainage lymphatique par la pesanteur, afin d'améliorer l'évacuation des déchets métaboliques libérés par le décloisonnement. Une fois réintégrés dans le métabolisme graisseux général, vos amas de cellulite disparaîtront naturellement, en même temps que vos autres kilos superflus. N'oubliez pas de pratiquer également quelques exercices de densification musculaire, afin d'améliorer encore les résultats de votre programme minceur.

Attention : ne vous découragez pas pendant les premières semaines : la perte des premiers kilos risque de faire apparaître de manière plus voyante vos zones cellulitiques. Soyez confiant et persévérant. Lorsque le cloisonnement et la fibrose cellulitiques commenceront à s'atténuer, la graisse qu'ils emprisonnaient sera libérée et disparaîtra progressivement.

Si certains amas graisseux résistent une fois votre juste poids atteint, vous pourrez avoir recours à la chirurgie esthétique. Mais évitez de solliciter une intervention tant qu'il vous reste de nombreux kilos à perdre. Il serait très difficile pour un chirurgien, quel qu'il soit, de sculpter votre silhouette avec précision si vous n'êtes pas arrivé au bout de votre amincissement. Vous risquez, à terme, de garder des amas mal placés ou de vous retrouver avec des zones « en creux ». Soyez patient(e) et attendez d'avoir minci pour consulter (voir les conseils liés à la chirurgie esthétique au chap. 9, « Quelques techniques minceur complémentaires », p. 155). C'est la meilleure garantie d'un résultat durable et surtout harmonieux, donc réellement esthétique.

Le ventre rond

Bien des difficultés digestives chroniques se manifestent par des ballonnements installés qui viennent déformer la silhouette. À tel point que certaines personnes cherchent à mincir, alors même que leur véritable problème n'est pas là. La quête du « ventre plat » donne lieu à des centaines d'articles dans les magazines féminins et des livres entiers sont consacrés au sujet. Le marché des compléments alimentaires « spécial ventre plat » est, lui aussi, en pleine expansion.

Si vous vous sentez parfois ballonné(e) et que cela vous gêne, vous pouvez adjoindre à vos efforts pour mincir quelques gestes d'hygiène quotidienne qui vous aideront à avoir le ventre bien plat. Ces gestes sont d'autant plus utiles que l'inconfort digestif a des retentissements sur la vitalité et sur la prise de poids.

Ces ballonnements sont dus soit à un excès de gaz dans les organes digestifs supérieurs (ballonnements digestifs, éructations...), soit à un excès de fermentation dans les organes digestifs inférieurs (ballonnements intestinaux, gaz...). Il s'agit de deux problèmes différents, ayant chacun des solutions particulières. À cela s'ajoutent souvent les problèmes de transit, plus fréquents chez les femmes.

Les ballonnements digestifs (supérieurs)

Tous ces ballonnements digestifs sont liés à la façon de manger. Dès que vous le pouvez, essayez de prendre vos repas dans le calme et la sérénité. Évitez les discussions orageuses ou les images violentes à la télévision pendant les repas. Et surtout, prenez votre temps.

Le simple fait de mâcher correctement les aliments améliore très rapidement la digestion. Il ne s'agit pas de vous transformer en ruminant, mais simplement de mâcher les aliments au lieu de les avaler tout ronds, sur le pouce, en vitesse. Un repas complet, composé d'une entrée, d'un plat et d'un dessert, devrait prendre environ 45 minutes. Or, le plus souvent, nous expédions l'affaire en 30, voire 20 ou même 10 minutes. Ces repas pris dans la hâte ont des conséquences directes très fâcheuses sur la digestion (et forcément sur le poids, à moyen terme).

Lorsque l'on mange vite, sans prendre le temps de mâcher, les aliments arrivent en plus gros morceaux dans l'estomac. Celui-ci doit fournir un travail plus important pour brasser le bol alimentaire. Or, en mangeant, nous avalons aussi de l'air. Et ce brassage forcé augmente la présence et la pression de l'air dans l'estomac.

Le stress joue aussi un rôle dans les ballonnements. Pour faire baisser votre niveau de stress, **pratiquez la *respiration minceur* pendant quelques minutes avant chaque repas** (voir p. 153) pour vous détendre. Et si vous traversez une période particulièrement dense, apprenez à gérer votre stress en vous initiant à l'une des nombreuses techniques de gestion du stress (voir p. 151).

Ensuite, suivez les conseils alimentaires prodigués dans ce livre et essayez, surtout, d'équilibrer les rations de végétaux crus et cuits. Si vous mangez trop de fruits et légumes crus, votre système digestif abritera des processus de fermentation trop intenses qui favoriseront les ballonnements.

Enfin, statistiquement, les personnes qui mangent en regardant la télévision augmentent leur risque d'avoir des ballonnements de 70 % !

Les ballonnements intestinaux (inférieurs)

Pour réduire et soulager les fermentations et ces ballonnements de la partie basse du système digestif, il faudrait, dans l'idéal, agir à quatre niveaux : l'alimentation, le stress, la qualité de la flore bactérienne et la qualité du transit. Les trois premiers niveaux sont liés, car les déséquilibres alimentaires et l'excès de stress détériorent peu à peu la flore digestive.

Côté alimentation, ces problèmes sont souvent révélés ou aggravés par les régimes hypocaloriques ou végétariens stricts qui incitent à manger beaucoup de crudités et de salades. Manger des crudités en trop grande quantité n'est bon ni pour la santé ni pour le contrôle du poids, et encore moins pour freiner les ballonnements. Les végétaux crus sont trop riches en fibres insolubles, indigestes, qui augmentent les mouvements péristaltiques intestinaux et provoquent un « brassage » de l'air et des gaz contenus dans la partie basse du tube digestif. L'excès de crudités favorise également l'apparition de petites colites chroniques (inflammations de l'intestin), désagréables et parfois douloureuses. Une fois encore, il n'est pas question de supprimer les végétaux crus, bien au contraire, mais de leur donner une place raisonnable dans l'alimentation quotidienne. Voilà encore une bonne raison d'adopter la méthode SLIM-data : comme elle vous permet d'échapper à la tyrannie des calories, elle ne vous incite pas à surconsommer des aliments énergétiquement pauvres comme les crudités. Il vous sera alors plus facile d'équilibrer l'apport en végétaux crus et cuits, en association avec les autres catégories d'aliments (céréales, viande, poisson, laitages...).

Côté stress, tout excès favorise les spasmes intestinaux. Pour limiter le brassage de l'air dans la partie basse du tube digestif, il faut donc essayer de contrôler votre niveau de stress. Prenez l'habitude de pratiquer la *respiration minceur* (voir p. 153) pendant trois minutes avant et après chaque repas. Vous mangerez moins vite et vous conserverez plus facilement votre calme, même si vous prenez votre repas dans une atmosphère tendue.

Côté flore bactérienne digestive, il faut aussi regarder du côté du système nerveux autonome qui la contrôle. L'excès de stress, en provoquant des impacts répétés au niveau de notre système nerveux, peut déséquilibrer l'état de cette flore. Or, une perturbation profonde et durable de vos souches bactériennes digestives peut nuire à votre bien-être et à votre santé en affaiblissant votre digestion, votre assimilation et même votre système immunitaire.

En contrôlant votre stress, vous maintiendrez plus facilement votre flore en bon état. Pour l'améliorer encore, vous pouvez vous supplémenter en « bonnes bactéries » en faisant, à chaque changement de saison, une cure de 10 jours d'un complément alimentaire adapté, à base de bactéries probiotiques et prébiotiques (bifidus, etc.), que vous trouverez en pharmacie, parapharmacie ou boutique de diététique, en sachets ou en gélules. Je conseille la présentation en sachets, qui préserve mieux les principes actifs.

Mais n'en abusez pas, car là comme ailleurs, tout est question de mesure et de bon sens. Ces bactéries ont une activité « vivante » à l'intérieur du tube digestif, notamment aérobie (utilisant l'oxygène). Leur excès peut donc provoquer de nouveaux ballonnements, ce qui va l'encontre de l'effet recherché.

Les problèmes de transit

Si l'on s'en tient au discours scientifique courant, il n'existe aucun lien direct entre le surpoids et la constipation. De même qu'il n'y a pas d'études cliniques montrant de façon claire une relation entre le surpoids, la fatigue, la subdépression et les problèmes de constipation.

Néanmoins, mon expérience m'a amené à constater qu'un transit régulier agit toujours positivement sur les ballonnements, sur le poids et sur l'humeur ! Mes patients m'ont souvent rapporté que le fait d'aller à la selle régulièrement leur rend sourire et bonne humeur, alors que les personnes sujettes à la constipation y associent souvent angoisse et insatisfaction. Je suis donc favorable aux gestes d'hygiène de vie qui permettent de garder un bon transit, sans en faire une obsession.

Les problèmes de transit ont des causes et des solutions légèrement différentes chez les hommes et chez les femmes. Pour les premiers, la pratique régulière d'une activité physique est souvent souveraine, surtout s'ils y associent la prise quotidienne d'un petit bol de crudités. La pratique quotidienne de la *respiration minceur* (voir p. 153) est aussi très efficace, car, en régulant les spasmes du tube digestif, elle relâche les structures musculaires crispées, « spasmées », qui peuvent bloquer ou ralentir le transit.

Chez la femme, le problème se pose d'une manière particulière. Elles sont nombreuses à présenter une spécificité anatomique : leur côlon transverse a un plus gros diamètre, il est un peu plus long et moins tonique que celui des hommes. On appelle cette particularité anatomo-physiologique le « méga-dolicho-côlon ». Un nom barbare pour expliquer que les matières et les aliments circulent moins vite et moins bien dans cette portion du tube digestif. Ce ralentissement provoque souvent une irrégularité du transit et une constipation au moindre stress. Celle-ci est amplifiée par la grossesse et les modifications des habitudes de vie (voyage, déménagement, changement d'alimentation...).

Pour les femmes, il est bon de pratiquer une activité physique modérée mais régulière (marche, vélo, aquagym...) et de prendre chaque jour un petit bol de crudités. Elles peuvent ajouter à cela une cure qui donne d'excellents résultats. Je l'ai appelée « la supplémentation en fibro-yaourt ». La recette est simple : dans un petit bol, mélangez un yaourt à 0 % avec la quantité équivalente d'eau tiède et 1 cuillerée à café ou à soupe (selon votre degré de « perturbation ») de son de blé micronisé ou de son d'avoine. Évitez le son de blé pur car il est irritant et peut provoquer ballonnements et colites, parfois aggraver la constipation. Prenez ce mélange le matin à jeun et le soir au coucher pendant trois jours, puis uniquement le matin au réveil pendant aussi longtemps qu'il sera nécessaire pour rétablir votre transit perturbé.

Enfin, j'ajoute toujours à ce petit programme un conseil personnel qui peut sembler anecdotique, mais qui a fait la preuve de son efficacité. Choisissez un moment dans la journée où vous êtes tranquille et où vous ne risquez pas d'être dérangé(e), et présentez-vous aux toilettes chaque jour à cette heure, de manière systématique. Pendant les dix premiers jours, vous n'obtiendrez peut-être aucun résultat. Persévérez. Ne vous attardez pas plus de cinq minutes, ce n'est pas nécessaire. L'essentiel est de le faire régulièrement. Vous serez surpris de constater que votre organisme va s'habituer à cette régularité. Peu à peu, non seulement vous obtiendrez un résultat à cette heure précise, mais votre envie commencera à se manifester quelques minutes avant.

Ce qu'il faut retenir

- **Parfois, les problèmes de silhouette et d'embonpoint ne sont pas directement liés à un excès de poids. C'est le cas de la cellulite et des ballonnements.**
- **La cellulite est une graisse isolée du métabolisme graisseux général, cloisonnée par des tissus fibrosés et enflammés. Elle n'est pas forcément liée au surpoids.**
- **Pour s'en débarrasser, il s'agit d'abord de changer ses réflexes alimentaires, puis de rétablir les échanges métaboliques entre la graisse cloisonnée et le métabolisme général (palper-rouler, drainage lymphatique naturel, exercices ludiques de gym, *respiration minceur*).**
- **Pour lutter contre les ballonnements, il faut avant tout essayer de manger plus lentement et de bien mâcher. Surveillez également la qualité de votre flore bactérienne intestinale et la régularité de votre transit. Évitez les boissons gazeuses.**

13
LA CHASSE AUX IDÉES REÇUES

■ *Faut-il manger bio pour bien mincir ?*

Il est important de bien distinguer la notion d'alimentation « naturelle » et équilibrée, de celle de nourriture « biologique ». D'autant que, pour certains, toutes deux (mais prises séparément) sont liées au « bien manger ». C'est une confusion regrettable. Pour bien manger, il faut avant tout essayer de comprendre les bases du fonctionnement de notre métabolisme, afin de bien choisir les aliments que l'on consomme, de bien les associer et de bien les cuisiner. **Une nourriture biologique peut ensuite valoriser cette bonne hygiène alimentaire, mais elle ne peut pas la remplacer.** Il vaut mieux manger des produits non bio de grande surface en respectant l'hygiène alimentaire que des produits bio sans la connaître. Bien entendu, ma préférence va à une hygiène alimentaire servie par des produits biologiques !

Un exemple : le pain. S'il est fabriqué avec des ingrédients bio mais à la levure, le résultat sera bio, certes, mais totalement indigeste. Il vaut mieux consommer du pain préparé avec du levain, associé de préférence à de la farine semi-complète, mieux adaptée au tube digestif de l'homme du 21e siècle. Et si, en plus, il est bio, tant mieux ! C'est l'« excellence nutritionnelle ».

Cette remarque est valable aussi pour les jus de fruits. Même bio, ils sont tout aussi riches en sucres, naturels certes, mais déséquilibrants pour l'organisme si vous en consommez plus de 25 cl à 30 cl par jour. On pourrait en dire autant du miel : c'est un aliment noble et sain, surtout s'il est bio, mais il apporte lui aussi de grandes quantités de sucres, très concentrés, ce qui est déséquilibrant pour les personnes ayant déjà un pancréas fragilisé. La consommation intensive de miel bio (ou de tout autre sucre bio : sucre d'orge, sucre de riz, sirop d'érable…) entraîne rapidement une irritation pancréatique qui va provoquer des crises d'hypoglycémie, puis, à la longue, un prédiabète. **Le « bio » est un label qualitatif très important, mais ce n'est pas, en soi, une garantie d'hygiène alimentaire.** L'idéal est, et reste, bien sûr, la conjonction de l'hygiène alimentaire et des aliments bio.

■ *Manger cru : est-ce bon pour la minceur ?*

Manger certains aliments crus, c'est bon pour la santé. C'est même indispensable, car nombre de nutriments (vitamines, enzymes, fibres, minéraux, acides gras…) sont détruits ou fortement modifiés par la cuisson. **Mais l'implication directe du « cru » dans la minceur n'a pas de sens au niveau biologique.**

Certaines théories nutritionnelles recommandent de manger tous les aliments crus (crudivorisme) pour entretenir la santé et lutter contre certaines maladies. C'est un non-sens scientifique et humain. N'oublions pas que l'homme a eu des difficultés à apprivoiser le feu et qu'il a mis plusieurs milliers d'années pour concocter des recettes lui permettant de métaboliser certains aliments. Là encore, la solution réside dans le juste milieu : **le tout cru est aussi stupide que le tout cuit**. Certains aliments, comme le blé, ont besoin d'être fermentés puis cuits pour être assimilés. C'est la cuisson des viandes qui a permis, pendant des siècles, de consommer les animaux en se protégeant contre certaines maladies qu'ils transportaient. Indéniablement, la cuisson sécurise certains aliments et permet une meilleure assimilation de certains autres.

Côté minceur, manger cru ne fait donc pas plus maigrir que manger cuit. Une fois encore, c'est l'impact métabolique des aliments (et de la façon dont ils sont cuisinés) qui a le dernier mot. Mieux vaut focaliser votre attention sur l'équilibre et les SLIM-data de vos repas, tout en continuant à les composer naturellement d'une partie raisonnable de cru (les entrées, les fruits...) et d'une partie plus importante de cuit.

Dans les années 1980, certains adeptes du cru ont même poussé leur raisonnement plus loin en prônant une alimentation non seulement totalement crue, mais choisie uniquement selon les « intuitions » de l'instant. C'est l'« instinctivorisme ». Il repose sur l'idée qu'un aliment cru respecte mieux nos instincts vitaux, alors qu'un aliment cuit, transformé par la chaleur, brouille leurs messages archaïques. Les adeptes de cette pratique, soupçonnée par certains de relever de dérives sectaires, choisissaient leurs aliments sur une grande table couverte de nombreux produits crus. Ils devaient se laisser aller à leur instinct et ne manger que ce qui les attirait. Cette théorie simpliste néglige un fait fondamental : l'homme du 20ᵉ et du 21ᵉ siècle est malade d'avoir perdu ses bons instincts. Faire aveuglément confiance à un choix alimentaire pulsionnel (et souvent névrotique) ne peut conduire qu'à des déséquilibres physiques, métaboliques et même psychiques encore plus grands.

Les aliments « light » sont-ils vraiment efficaces pour perdre du poids ?

Les aliments light, comme le martèle le contenu des messages publicitaires qui vantent leurs qualités, ont été créés pour répondre à la théorie calorique des aliments. L'homme de la fin du 20e siècle ne pouvait pas s'empêcher de trop manger, alors on lui a proposé des « aliments-équivalents » susceptibles de lui faire prendre moins de poids. Ces aliments ne sont pas mauvais en eux-mêmes, mais **ils constituent une réponse aussi inadaptée au problème du surpoids que les régimes hypocaloriques stricts**. D'autre part, leur saveur et leur consistance ne satisfont pas toujours les chémorécepteurs de la cavité buccale (papilles, récepteurs chimiques du goût...) et même ceux du tube digestif. Plusieurs tests ont montré que les consommateurs de beurre light, par exemple, consomment, au bout de quelques jours, une plus grande quantité de ce beurre sur leurs tartines pour compenser la perte de saveur.

Dans les boissons light, le sucre est remplacé par des édulcorants chimiques (voir p. 20), associés à de nombreuses autres substances (conservateurs, colorants...). Je reste très réservé quant à nos capacités métaboliques à gérer des centaines (pour ne pas dire des milliers) de substances chimiques nouvelles, créées lors des cinquante dernières années.

Cependant, certains aliments portant le label « light » échappent à ces réserves. Ce sont des produits que le traitement « spécial minceur » rapproche de leurs modèles d'origine. Le jambon light, par exemple, se rapproche davantage d'un jambon de grande qualité, peu gras, que des jambons industriels courants. Certains plats cuisinés light sont préparés avec un soin particulier (dégraissage des bouillons, diminution de l'apport en sucres...). Ces aliments sont donc meilleurs que leurs équivalents industriels non light, mais ils ne vaudront jamais de bons produits de qualité, cuisinés à la maison.

Les laitages light constituent un cas à part. Il faut bien faire la différence entre les produits laitiers allégés, dont la fabrication nécessite une grande quantité de modifications technologiques (beurres, crèmes, desserts lactés...), et les laitages à 0 % de matières grasses (yaourt, fromage blanc, fromage frais). Ces derniers sont simplement fabriqués à partir de lait totalement écrémé. Ce sont donc de vrais aliments, non transformés. Et ils ont éventuellement leur place dans la première, et même la deuxième phase de votre rééducation métabolique. Mais ensuite, ne vous privez pas de la saveur et de l'onctuosité d'un vrai yaourt entier sous prétexte qu'il contient entre 20 % et 40 % de matières grasses par rapport à sa matière sèche, ce qui représente en réalité guère plus de 3 % à 5 % du produit complet !

L'alimentation végétarienne aide-t-elle à mincir ?

Comme l'alimentation bio, l'alimentation végétarienne peut apporter à l'hygiène nutritionnelle un vrai « plus » qualitatif. Elle libère l'organisme de l'assimilation des protéines en excès et des graisses animales saturées issues des viandes. Or, ces opérations entraînent une grande production de déchets (acide urique, urée, triglycérides...) que nos organes d'élimination peinent parfois à drainer lorsque nous avons une alimentation trop carnée.

Il n'y a toutefois aucune relation directe entre végétarisme et minceur. Le coefficient de stockage des aliments est lié en grande partie à leur index glycémique, lequel est élevé dans de nombreux aliments d'origine végétale. Vous pouvez réduire votre consommation de viande et de graisses animales (sans nécessairement la supprimer), car cela est bon pour votre santé cardiovasculaire et rénale. Mais cela n'aura pas de retentissement direct sur votre poids. **Un végétarien peut parfaitement être en surpoids permanent, et un carnivore avoir un poids équilibré.** Là encore, tout est dans l'association des aliments sélectionnés.

De plus, si vous avez une alimentation strictement végétarienne, faites attention aux carences[1] provoquées par l'absence d'aliments d'origine animale, notamment en vitamines B12 et B9, ainsi qu'en certaines enzymes et acides aminés. Faites, à chaque changement de saison, une cure de trois semaines d'un complément alimentaire associant ces nutriments, afin de rééquilibrer votre statut nutritionnel. Les végétariens qui sont en bonne santé sont des personnes éduquées au végétarisme, qui gèrent intelligemment au quotidien leur différence et leurs choix alimentaires. Dans notre

1. Certains nutritionnistes sectaires prétendent que les carences sont impossibles si l'on respecte toutes les règles d'association du végétarisme. C'est scientifiquement vrai, mais là encore, humainement faux. Nombreux sont les végétariens « idéologistes » qui mélangent les genres et les informations multiples (souvent contradictoires) sans réellement connaître les bases de l'alimentation-santé. Et ils peuvent y perdre la leur !

culture judéo-chrétienne, l'une des références principales au végétarisme est cette parole de saint François d'Assise, le saint qui parlait aux animaux : « Il est bon, si on le peut, de ne pas manger nos frères animaux mais sachez bien qu'il faut être végétarien dans son cœur avant de l'être dans son assiette ! » La deuxième partie de cette pensée fraternelle a son importance ! (elle rejoint l'essence même de la « non-violence courageuse » prônée et appliquée par Gandhi). **Je reste personnellement très favorable à un « omnivorisme de tendance végétarienne »** (réduire fortement les charcuteries, les viandes, les graisses saturées et favoriser tous les poissons, fruits, légumes, céréales et huiles de première pression : olive, tournesol).

La pollution contribue-t-elle à la prise de poids ?

Cette question peut paraître marginale, mais elle m'a été posée très souvent. En effet, certaines personnes souffrant d'obésité ou de surpoids chroniques, désespérées de trouver un jour une solution efficace, incriminent parfois intuitivement la pollution. Même si le lien entre pollution et minceur n'est pas direct, leur raisonnement possède un fond de bon sens, et même de vérité scientifique. Il existe de nombreuses sources de pollution : les sources externes, comme les métaux lourds toxiques (cadmium, plomb, mercure...), les métaux légers (aluminium), les polluants atmosphériques (CO_2, fumée de cigarette...) ; et les sources internes, comme les agrégats d'anticorps, les radicaux libres... Toutes ces pollutions viennent perturber les équilibres enzymatiques de nos cellules. Leur présence demande à tout l'organisme un travail supplémentaire et provoque, au cœur même de la cellule (dans la mitochondrie, le « moteur » énergétique de nos cellules), des réactions biochimiques qui dérèglent progressivement le bon fonctionnement de nombreux organes impliqués dans la digestion (foie, pancréas, vésicule biliaire...). Le juste poids étant lié à la coordination harmonieuse de tous les organes de digestion et d'assimilation, cette perturbation métabolique aggrave, à moyen et à long terme, les symptômes de la prise de poids ; ce qui rend plus difficiles son contrôle et l'éveil de la mémoire-minceur inscrite au cœur de ces cellules en souffrance.

C'est pourquoi je conseille à tous mes patients qui travaillent dans un milieu urbain pollué (sites à risques, villes de plus de 50 000 habitants...) de faire, à chaque changement de saison, une cure de 21 jours d'un complexe d'antioxydants de qualité aux AJR (voir p. 71 et 217).

■ *Existe-t-il des médicaments qui font maigrir sans danger ?*

Ma réponse est claire : c'est non ! Pendant plus de quarante ans, trois principaux types de médicaments minceur ont été prescrits.

D'abord, les extraits thyroïdiens. Schématiquement, ces médicaments stimulent la glande thyroïde, laquelle sécrète des hormones capables d'ordonner à l'organisme d'augmenter le métabolisme de base et donc de déstocker et de brûler les graisses.

Puis les amphétamines et dérivés amphétaminiques qui ont une propriété exceptionnelle : ils rendent le cerveau « indépendant » de l'apport nutritionnel. Le centre de la satiété reste bloqué sur « plein », même lorsque l'hypoglycémie devrait faire baisser la jauge sur « vide ». Les personnes sous amphétamines oublient la nourriture et l'idée de passer à table ne leur apporte aucun plaisir, car l'ordre cérébral est inexistant. Ces médicaments font partie de la classe des anorexigènes.

Enfin, les diurétiques provoquent un drainage (du corps et de ses tissus) forcé et intense par voie rénale.

Pendant plusieurs décennies, certains thérapeutes ont même associé ces trois prescriptions, auxquelles ils ajoutaient des benzodiazépines, une classe de médicaments psychotropes destinés à calmer le système nerveux de leurs patients surexcités par les amphétamines prescrites. Certes, ils obtenaient des résultats spectaculaires en termes de perte de poids. **Hélas, ces résultats étaient plus spectaculaires encore sur la perte de santé, la perte d'identité (épisodes psychiatriques violents), et surtout la reprise rapide des kilos perdus dès que ces patients arrêtaient le traitement.**

Tous ces médicaments ont des effets secondaires très importants, qui ont longtemps été sous-estimés. Les extraits thyroïdiens dérèglent progressivement le fonctionnement normal de la glande thyroïde. Ce désordre se répercute sur beaucoup d'autres hormones corporelles, perturbant ainsi les ordres et les contrôles des horloges métaboliques. Les amphétamines, quant à elles, ont des effets secondaires physiques immédiats : tachycardie, problèmes cardiovasculaires, hypertension, perte d'hydratation du corps, dénutrition... Et, surtout, des effets secondaires psychiques à court terme extrêmement délétères : subdépression ou dépression avérée à l'arrêt du traitement, déclenchement de bouffées délirantes, crises psychotiques graves... Enfin, les diurétiques peuvent provoquer à très court terme des troubles divers : baisse de la tension artérielle avec évanouissements répétés ; déséquilibre de la balance sodium/potassium entraînant des risques cardiaques et rénaux... L'ensemble conjugué de ces réjouissants tableaux cliniques a conduit les autorités médicales à interdire leur prescription depuis les années 1990 (sauf en cas de pathologie grave et sous contrôle hospitalier). **Refusez systématiquement toute prescription d'une formule minceur, même faite en pharmacie, dont vous ne pouvez obtenir la formule exacte ainsi que la présentation et l'explication détaillée de chacun des principes actifs.** Ce type de prescription provoque régulièrement des accidents graves, parfois mortels ! Soyez donc vigilants et n'ayez aucun scrupule à demander des explications claires en cas de prescription de gélules minceur.

Il existe aujourd'hui sur le marché de nouveaux médicaments officiellement amincissants, qui agissent en modifiant la digestion des corps gras. Comme tout médicament, ils possèdent leur zone d'indication, leurs limites et leurs effets secondaires. Leur prescription fait l'objet d'un encadrement et d'un suivi téléphonique sérieux de la part des laboratoires qui les commercialisent.

Il ne faut pas confondre ces médicaments avec les gélules minceur vendues sans ordonnance en pharmacie ou en parapharmacie. Celles-ci contiennent une sélection de produits naturels (plantes[1], algues, fibres, nutriments essentiels...) capables d'aider ou de soutenir le métabolisme dans son parcours minceur. Certaines favorisent le déstoc-

1. Certaines gélules minceur à base de plantes ont eu récemment une très mauvaise presse, suite à des incidents de santé. Il s'agissait de plantes « non autorisées ». Il existe aujourd'hui une liste européenne très claire des plantes autorisées en alimentaire. Votre pharmacien les connaît. Là encore, c'est la qualité du produit qui fait toute la différence, et garantit sa réelle efficacité.

kage, d'autres accélèrent naturellement le drainage rénal ou régulent l'appétit en douceur. Ces spécialités, qui envahissent chaque jour un peu plus les étagères des officines, constituent un marché en pleine expansion, de plus en plus sérieux, contrôlé et codifié. Pourtant, il est parfois difficile de s'y retrouver. Voici donc quelques conseils pratiques :

- Achetez vos produits minceur chez un professionnel de santé (pharmacie, parapharmacie, magasin de produits diététiques...).
- Achetez des marques reconnues pour leur sérieux et leur expérience.
- Exigez un produit ayant fait la preuve réelle de son efficacité[1].
- Soyez discipliné, tant dans la prise du produit (posologie, horaires de prise) que dans le respect de votre hygiène alimentaire rééquilibrante.
- Ne cédez pas aux effets de mode et aux promesses exagérées : un bon produit minceur, bien formulé (donc respectueux de votre corps), ne peut vous promettre qu'une aide pour une perte de poids allant de 2,9 à 3,7 kg par mois.

Y a-t-il un rapport entre le poids et l'excès de cholestérol ?

Une première remarque qui peut vous paraître surprenante : le cholestérol n'est pas une graisse, mais un ester

1. Aujourd'hui, les produits sérieux ont tous fait l'objet d'études comparatives *in vivo*, effectuées *versus* placebo avec la même rigueur que pour certains médicaments développés par les laboratoires pharmaceutiques. Consultez votre pharmacien, qui saura quel type d'études ont été faites et pourra donc vous orienter efficacement.

d'alcool. Il nous est très précieux, car il participe à de nombreuses fonctions essentielles, notamment la production de certaines hormones. Le manque de cholestérol est souvent plus grave que son excès, même s'il est beaucoup moins fréquent. Il faut donc le combattre avec discernement.

Les véritables ennemis de nos artères, ce sont ses cousins, les triglycérides. Si vous avez une alimentation trop riche en sucre et en graisses animales saturées, vous risquez d'avoir un taux trop élevé de triglycérides circulant dans le sang. Et lorsqu'ils sont en excès, ils sont rapidement surstockés dans les cellules graisseuses. **Ce processus métabolique aggrave le surpoids en même temps qu'il menace la santé cardiovasculaire.** Cependant, de nombreuses personnes en surpoids ont un taux de cholestérol et des triglycérides normaux. À l'opposé, il existe des personnes ayant un cholestérol et des triglycérides élevés alors qu'elles ont un poids normal. Cette différence est due à la production endogène de cholestérol (par le foie lui-même), qui peut être élevée à cause de facteurs génétiques ou d'un excès durable de stress.

Aucun régime « anticholestérol » ou « antitriglycérides » valable n'est ciblé uniquement sur la réduction de la consommation de graisses (charcuterie, beurre, fromage...). **Il faut, en même temps, surveiller l'apport en sucres** (céréales raffinées, riz précuit, pâtisseries et confiseries industrielles...). Le contrôle des index glycémiques est donc d'une aide précieuse pour maîtriser le taux de cholestérol et de triglycérides. Si vous avez un taux élevé de cholestérol et de triglycérides sanguins, commencez par surveiller votre alimentation avant de faire appel à la béquille médicamenteuse. Certes, les médicaments anticholestérol sont efficaces et souvent utiles, mais l'actualité prouve chaque jour que leurs effets secondaires sont à prendre en compte.

Parfois, un simple rééquilibrage alimentaire suffit à maîtriser votre taux de cholestérol et de triglycérides. Dans tous les autres cas, le respect des SLIM-data vous permettra de vous équilibrer avec des doses moins importantes de médicaments, ce qui est précieux à long terme.

Ce qu'il faut retenir

- Le label « bio » assure la qualité des aliments, mais en aucun cas l'équilibre de vos repas. Veillez d'abord à contrôler le SLIM-data de ceux-ci. Ensuite seulement, intéressez-vous au bio. Hygiène alimentaire + nourriture biologique = en route pour la « grande santé » !
- Manger exclusivement cru ne fait pas plus maigrir que manger exclusivement cuit. Une alimentation végétarienne n'est pas, non plus, une garantie de minceur. La véritable minceur n'est pas dans les « modes », mais dans la compréhension quotidienne de vos comportements nutritionnels.
- Les aliments light ont pour seul but de diminuer l'apport calorique. Ils ont donc les mêmes inconvénients et les mêmes limites que les régimes hypocaloriques. Le plus souvent, ils sont bourrés d'additifs qui peinent à leur restituer saveur et texture d'origine.
- Les seuls aliments light naturels sont les yaourts et les fromages blancs à 0 % de matières grasses.
- **Attention aux médicaments minceur : les coupe-faim (anorexigènes), les extraits thyroïdiens et les diurétiques ont de nombreux effets secondaires très dangereux.**
- Ne confondez pas ces médicaments avec les compléments alimentaires minceur. Ces derniers sont sans danger, et parfois d'une aide appréciable (c'est la qualité du produit qui fait la différence entre les nombreuses marques existantes).
- L'excès de cholestérol et de triglycérides doit toujours être pris très au sérieux et contrôlé régulièrement avec votre généraliste ou un cardiologue, que l'on soit ou non en surpoids. Commencez toujours par modifier votre hygiène alimentaire avant de vous tourner vers la solution médicamenteuse.

14
MES RECETTES ET MES MENUS PRÉFÉRÉS

Voici quelques idées de recettes, simples, pratiques et goûteuses, réalisées à partir du classement alimentaire du grand tableau des SLIM-data. Vous pouvez les utiliser telles quelles ou, dès que vous avez acquis de bons réflexes minceur, vous en inspirer pour vous laisser aller à toutes les inventions culinaires qui vous font plaisir.

Les recettes sont prévues pour quatre personnes. Bien entendu, si vous voulez cuisiner pour un nombre différent de convives, vous pouvez les adapter en multipliant ou en divisant la quantité d'ingrédients. Ces recettes sont, elles aussi, classées en fonction du même code couleur. Les recettes du groupe vert sont les plus nombreuses, car ce sont les plus utiles pour ceux et celles qui débutent. Puis viennent celles du groupe orange et du groupe rouge. C'est dans ces deux derniers groupes que se range la majeure partie des recettes traditionnelles (cassoulet, choucroute, couscous, pâtes à la carbonara…) que vous trouverez dans tous les bons livres de cuisine. Nous vous proposons également quelques recettes rouges originales, qui vous aideront à varier vos menus.

Dans la seconde partie de ce chapitre, vous trouverez des exemples de menus équilibrés correspondant aux trois phases de la rééducation métabolique. Comme pour les recettes, vous pouvez les suivre à la lettre ou, lorsque vous aurez acquis de bons réflexes minceur (1 ou 2 semaines), vous en inspirer pour concevoir vos propres menus.

Vert

Sauce légère au yaourt

Pour 4 personnes

Accompagnement

INGRÉDIENTS

1 yaourt nature ou 1 petit pot de fromage blanc battu
1/2 cuil. à café de sauce soja (sans colorants ni glutamates)
1/2 citron (jus)
2 cuil. à soupe d'herbes hachées fraîches (basilic, coriandre, menthe...)
Sauce au piment ou tabasco (sans ingrédients chimiques)
Sel et poivre du moulin

• Dans un bol, versez le yaourt nature ou le fromage blanc, 2 cuil. à soupe d'eau froide, la sauce soja et le jus du demi-citron.
• Mélangez bien pour que cela devienne très homogène.
• Ajoutez du sel, du poivre, un trait de sauce au piment et les herbes aromatiques. Mélangez.
• Cette sauce peut accompagner les crudités, les légumes vapeur, les poissons au court-bouillon, les volailles cuites dans un bouillon...

Sauce légère à l'huile

Pour 4 personnes

Vert

Accompagnement

INGRÉDIENTS

1 cuil. à soupe d'huile de carthame
1 cuil. à soupe d'huile de noix
1/2 cuil. à soupe de vinaigre de cidre au miel
1 cuil. à café de vinaigre balsamique
1 pincée de gingembre moulu
1 pincée de cumin en poudre
Sel et poivre du moulin

• Dans un bol, versez l'huile de carthame, l'huile de noix et 2 cuil. à soupe d'eau à température ambiante. Mélangez bien.

• Ajoutez le vinaigre de cidre au miel et le vinaigre balsamique. Mélangez.

• Salez, poivrez, assaisonnez de gingembre et de cumin. Mélangez à nouveau.

• Cette sauce, comme la précédente (p. 222), peut accompagner les salades vertes, les crudités, les légumes, les viandes et les poissons vapeur ou bouillis.

Vert

Sauce légère saveur thaï

Pour 4 personnes

Accompagnement

INGRÉDIENTS

1 yaourt aromatisé à la noix de coco
1/2 citron (jus)
1 cuil. à soupe de coriandre fraîche hachée
Sauce au piment ou tabasco (sans ingrédients chimiques)
3 pincées de curry en poudre
Sel et poivre du moulin

• Dans un bol, versez le yaourt aromatisé à la noix de coco et 2 cuil. à soupe d'eau. Mélangez bien jusqu'à obtenir une pâte très lisse.

• Ajoutez le jus du demi-citron. Mélangez.

• Salez, poivrez, puis assaisonnez avec quelques traits de sauce au piment et le curry.

• Au dernier moment, ajoutez la coriandre hachée.

• Cette sauce peut s'utiliser comme les deux précédentes (p. 222, 223). Elle a une saveur sucrée-salée teintée d'un brin d'exotisme.

Bouquet de crevettes

Pour 4 personnes

Vert

Entrée

INGRÉDIENTS

30 belles crevettes environ (8 par personne)
1 botte de radis roses ronds
1 petit concombre
Quelques brins de coriandre
1 petit bol de *Sauce légère saveur thaï* (voir p. 224)

- Si vous avez acheté des crevettes crues, faites-les cuire quelques minutes dans de l'eau bouillante. Si elles sont surgelées, multipliez par deux le temps de cuisson. Laissez-les refroidir pendant la préparation des autres ingrédients.
- Préparez les radis, rincez-les et coupez-les en quatre. Épluchez le concombre, coupez-le en tout petits cubes et épépinez-le.
- Préparez la *Sauce légère saveur thaï*, réservez-en 3 cuil. à soupe et mélangez le reste aux légumes.
- Ciselez la coriandre et réservez-la.
- Versez le mélange dans des coupelles individuelles, répartissez les crevettes tout autour de manière à former un bouquet, puis arrosez avec la sauce réservée.
- Mettez au réfrigérateur jusqu'au moment de servir et parsemez alors de coriandre ciselée.

Vert

Salade d'épinards frais, champignons et poivrons rouges

Pour 4 personnes

Entrée

INGRÉDIENTS

300 g d'épinards frais (de préférence de jeunes feuilles)
200 g de champignons de Paris
1 gros poivron rouge bien mûr
1 citron (jus)
Quelques feuilles de basilic
1 gros bol de *Sauce légère au yaourt* (voir p. 222) sans herbes

• Rincez soigneusement les épinards et découpez les feuilles en lanières de 0,5 cm de largeur.
• Rincez les champignons, ôtez les pieds, découpez les têtes en fines lamelles et arrosez-les de jus de citron pour éviter qu'elles brunissent au contact de l'air.
• Rincez le poivron, épépinez-le et découpez-le en petits cubes.
• Laissez égoutter le mélange de légumes pendant la préparation de la *Sauce légère au yaourt*, sans les aromates.
• Versez les poivrons dans un saladier et arrosez-les de sauce, mélangez bien. Laissez reposer au frais 10 min environ. La sauce doit prendre une teinte rosée.
• Ajoutez les autres légumes, remuez et laissez au frais encore 10 min environ. Au moment de servir, ajoutez les feuilles de basilic entières.

Plateau de coquillages minceur

Pour 4 personnes

Vert

Entrée

INGRÉDIENTS

2 douzaines d'huîtres
2 douzaines de moules
1 douzaine de praires
1 douzaine de palourdes
1 douzaine de belles crevettes roses cuites
2 douzaines de bulots cuits
1 échalote
1 citron
8 petites tranches de pain semi-complet au levain
5 cuill. à soupe de bon vinaigre de vin rouge
1 cuil. à soupe de mayonnaise maison
3 cuil. à soupe de fromage blanc battu à 0 %
Facultatif : citron (jus), sauce au piment ou tabasco (sans ingrédients chimiques)
Sel et poivre du moulin

• Épluchez l'échalote, coupez-la en très petits morceaux et mélangez-la au vinaigre. Laissez mariner.

• Préparez une sauce d'accompagnement en mélangeant soigneusement la mayonnaise et le fromage blanc. Assaisonnez à votre convenance (jus de citron, sel, poivre, trait de sauce au piment...).

• Ouvrir les coquillages.

• Répartissez tous les coquillages et les crevettes sur de grandes assiettes individuelles et servez-les avec le vinaigre à l'échalote, le citron coupé en quartier, le petit bol de sauce et le pain complet.

Vert

Soupe à la tomate

Pour 4 personnes

Entrée

INGRÉDIENTS

8 belles tomates
4 belles courgettes (ou 6 petites)
1 poivron vert
1 gros oignon
4 gousses d'ail
1 petit bouquet de basilic (5 ou 6 branches garnies de feuilles)
1 bouquet garni (thym, romarin, laurier, branche de céleri)
1 cuil. à soupe d'huile d'olive
4 petites tranches de pain semi-complet au levain
Sel et poivre du moulin

• Épluchez l'oignon et 3 gousses d'ail. Coupez-les en fines lamelles. Rincez et épluchez les courgettes en laissant une bande de peau sur deux, coupez-les en rondelles de 2 cm. Rincez le poivron, épépinez-le et coupez-le en lanières.

• Dans une marmite, versez l'huile d'olive et faites-la chauffer quelques secondes.

• Ajoutez l'oignon et l'ail. Remuez et laissez cuire 1 min à feu doux, juste pour les faire fondre.

• Baissez le feu et ajoutez les rondelles de cour gettes et les lanières de poivron. Remuez, salez et poivrez.

• Ajoutez le bouquet garni, couvrez et laissez cuire à feu doux pendant 5 min.

• Pendant ce temps, plongez les tomates 5 s dans de l'eau bouillante puis épluchez-les. Coupez-les en gros quartiers, épépinez-les et ajoutez-les au contenu de la marmite.

• Mélangez, ajoutez 50 cl d'eau froide, couvrez et laissez cuire 20 min à feu doux.

• Ciselez le basilic. Faites griller les tranches de pain et frottez-les avec la gousse d'ail restante.

• Pour finir, passez la soupe au mixeur.

• Servez-la en bols individuels et parsemez-la d'un peu de basilic ciselé puis déposez à la surface 1 tranche de pain. Cette soupe peut se consommer chaude ou froide

Pamplemousse aux crevettes

Pour 4 personnes

Vert

Entrée

INGRÉDIENTS

- **2 pamplemousses roses crus**
- **4 douzaines de crevettes cuites**
- **4 grandes feuilles de laitue**
- **1 bouquet de ciboulette**
- **1 bol de *Sauce légère au yaourt* (p. 222) sans herbes**
- **Sel et poivre du moulin**

• Coupez les pamplemousses en deux, horizontalement. Évidez-les complètement, en prenant bien soin d'ôter les peaux qui enveloppent les tranches.

• Récupérez le jus des pamplemousses et coupez la pulpe en petits cubes.

• Lavez les feuilles de laitue, égouttez-les et coupez-les en fines lanières.

• Épluchez les crevettes et jetez les têtes.

• Dans un petit saladier, mélangez les ingrédients de la *Sauce légère au yaourt* (p. 222), ajoutez les cubes de pamplemousses, les crevettes, les lanières de laitue et 4 cuil. à soupe de jus de pamplemousse

• Mélangez bien, salez, poivrez, et ajoutez la ciboulette ciselée

• Répartissez le mélange dans les demi-pample mousses et conservez au frais jusqu'au moment de servir.

Vert

Potage de légumes verts

Pour 4 personnes

Entrée

INGRÉDIENTS

200 g d'épinards frais
2 branches de céleri
1 pied de brocolis
1 poivron vert
2 poireaux
4 belles courgettes
1 gros oignon
3 gousses d'ail
10 g de gingembre frais
1 petit bouquet de menthe fraîche (5 à 6 branches garnies de feuilles)
1 cuil. à soupe d'huile d'olive
Sel et poivre du moulin

• Épluchez l'ail et l'oignon et coupez-les en tranches fines.
• Lavez les courgettes et coupez-les en rondelles de 2 cm d'épaisseur sans les éplucher.
• Lavez et préparez les autres légumes puis coupez-les en lanières, y compris le vert des poireaux et les feuilles du céleri.
• Pelez le gingembre et coupez-le en très fines lamelles.
• Dans une marmite, faites chauffer l'huile d'olive, jetez-y l'oignon et l'ail, remuez et laissez cuire 3 min à feu vif. Puis baissez le feu et ajoutez les autres légumes. Laissez suer une minute à peine, en remuant, avant de saler.
• Salez, poivrez et ajoutez les lamelles de gingembre, éventuellement réservez-en quelques-unes pour la fin de la recette.
• Couvrez et laissez cuire à petit feu pendant 5 min.
• Ajoutez 75 cl d'eau, couvrez et laissez cuire 30 min.
• Ciselez finement les feuilles de menthe.
• Mixez la soupe et servez-la parsemée de menthe ciselée et, éventuellement, des quelques lamelles de gingembre réservées.

Salade d'oranges à la cannelle

Pour 4 personnes

Entrée

INGRÉDIENTS

5 grosses oranges
2 oignons rouges
2 cuil. à soupe d'huile de carthame
2 cuil. à soupe de vinaigre de cidre au miel
1 cuil. à café de cannelle en poudre
1/2 cuil. à café de gingembre en poudre
2 gouttes d'huile essentielle d'orange douce
Sel et poivre du moulin

• Pressez 1 orange. Dans le jus récupéré, mélangez l'huile et le vinaigre, salez, poivrez, ajoutez les épices et l'huile essentielle. Battez le tout et laissez reposer.

• Pelez soigneusement les autres oranges et séparez-les en tranches. Épluchez ces dernières en enlevant la pellicule translucide qui les entoure, puis mettez-les dans un saladier.

• Épluchez les oignons et coupez-les en rondelles. Ajoutez-les aux oranges, puis versez la sauce par-dessus.

• Remuez bien et laissez reposer au frais pendant 30 min avant de servir en entrée.

Vert

Filets de poisson blanc à la fondue d'épinards et d'oseille

Pour 4 personnes

Plat principal

INGRÉDIENTS

4 filets de lieu ou de flétan
400 g d'épinards frais
1 bouquet d'oseille
3 échalotes
1 yaourt nature allégé
1 cuil. à café de sauce soja (sans ingrédients chimiques)
2 gouttes d'huile essentielle de fenouil
2 gouttes d'extrait d'anis vert
1 cuil. à soupe d'huile de sésame
Huile d'olive
Sel et poivre du moulin

• Rincez les épinards et l'oseille, ôtez les tiges et coupez-les en lanières. Épluchez les échalotes et découpez-les en fines tranches.
• Enduisez le fond d'une poêle d'un peu d'huile d'olive à l'aide d'un morceau de coton. Faites-y revenir les échalotes à petit feu de manière qu'elles fondent lentement. Salez, poivrez, ajoutez l'oseille. Mouillez avec la sauce soja délayée dans 1 cuil. à soupe d'eau. Remuez et laissez cuire quelques minutes à petit feu.
• Ajoutez les épinards, remuez bien, couvrez et laissez cuire pendant 10 min, en vérifiant de temps en temps que les épinards n'accrochent pas et ajoutez un peu d'eau froide si nécessaire.
• Pendant ce temps, faites cuire le poisson à la vapeur pendant 10 min, en prenant bien soin de verser les huiles essentielles dans l'eau.
• Battez vigoureusement le yaourt.
• Lorsque les épinards sont cuits, ôtez-les du feu, laissez tiédir quelques secondes et ajoutez le yaourt battu.
• Dressez les filets de poisson sur des assiettes individuelles, couvrez-les de fondue d'épinards et arrosez d'un filet d'huile de sésame. Servez immédiatement.

Légumes à la vapeur

Pour 4 personnes

Entrée

Ingrédients

2 courgettes
2 navets
400 g de haricots verts frais (ou surgelés)
1 petit chou-fleur
4 petits artichauts violets de Provence
Sel

• Épluchez les courgettes en laissant une bande de peau sur deux ; équeutez les haricots verts ; épluchez les navets ; lavez le chou-fleur ; enlevez les feuilles les plus dures des artichauts, coupez-les à environ 1 cm au-dessus du cœur et retirez le foin.

• Mettez de l'eau salée à bouillir dans un faitout.

• Pendant que l'eau chauffe, coupez les légumes en quartiers pas trop petits et disposez les plus fermes dans un panier de cuisson (chou-fleur, artichauts, navets).

• Lorsque l'eau bout, baissez le feu de manière à conserver un simple frémissement, déposez sur le faitout le panier de cuisson, couvrez et laissez cuire 10 min environ.

• Ajoutez alors les légumes plus tendres (courgettes, haricots verts...), couvrez et laissez cuire encore 10 min environ.

• Piquez les légumes avec la pointe d'un couteau pour vous assurer de leur cuisson : ils doivent rester légèrement croquants.

• Lorsqu'ils sont cuits, dressez-les sur un plat de service et arrosez-les d'une sauce légère de votre choix (p. 222-224). Servez-les en accompagnement d'une viande ou d'un poisson.

Vert

Légumes à l'étouffée

Pour 4 personnes

Plat principal

INGRÉDIENTS

200 g de champignons de Paris
4 courgettes
2 bulbes de fenouil
600 g de blettes
2 belles tomates
1 poivron rouge ou jaune
1 gros oignon
4 gousses d'ail
2 étoiles d'anis
2 capsules de cardamome écrasées
1 cuil. à café de graines de fenouil
1 cuil. à soupe d'huile d'olive
Sel et poivre du moulin

• Épluchez l'ail et l'oignon. Coupez-les en fines lamelles.

• Dans une cocotte à fond antiadhésif, versez l'huile d'olive. Laissez chauffer quelques instants, mettez-y à cuire l'ail et l'oignon quelques secondes à feu vif tout en mélangeant, puis baissez le feu.

• Pendant ce temps, préparez le fenouil, les blettes et le poivron puis coupez-les en petits morceaux de manière qu'ils cuisent le plus rapidement possible. Ajoutez-les dans la cocotte.

• Ajoutez les aromates, salez, poivrez puis couvrez et laissez cuire à feu très doux pendant 15 min en remuant de temps en temps.

• Pendant ce temps, nettoyez les champignons et pelez les courgettes puis coupez-les en petits cubes.

• Ajoutez ces légumes plus tendres dans la cocotte, remuez, couvrez et laissez encore cuire 15 min à feu très doux.

• Enfin, pelez 2 belles tomates, coupez-les en morceaux et épépinez-les. Ajoutez-les dans la cocotte. Mélangez. Baissez encore le feu et laissez cuire 15 min supplémentaires, à découvert, en surveillant afin que le mélange n'accroche pas.

• Les légumes doivent être confits dans leur jus. Vous pouvez les servir en accompagnement d'une viande ou d'un poisson, ou en plat principal avec du riz complet ou de la graine de couscous.

Marmite de poulet au thé vert

Pour 4 personnes

Vert

Plat principal

INGRÉDIENTS

1 beau poulet élevé au grain, bio de préférence
2 bulbes de fenouil
1 cœur de céleri
2 poireaux
1 gros oignon
4 gousses d'ail
1 cuil. à soupe de thé vert
Sel et poivre du moulin

• Faites bouillir une tasse d'eau, puis mettez-y à infuser le thé vert.
• Préchauffez le four à 100 °C (th. 3-4).
• Préparez les légumes, puis coupez les poireaux et l'oignon en fines rondelles, le céleri et le fenouil en tronçons un peu plus gros. Laissez les gousses d'ail entières, dans leur chemise.
• Dégraissez le poulet en ôtant les amas graisseux qui se trouvent au niveau du cou et du croupion et enlevez les abats.
• Dans une cocotte en terre à couvercle allant au four (genre Römertopf), déposez un lit de légumes puis posez-y le poulet. Répartissez le reste des légumes tout autour. Salez, poivrez et versez par-dessus le thé vert filtré.
• Couvrez, enfournez et laissez cuire à four très doux pendant au moins 2 h.
• Avant de servir, vérifiez que le poulet et les légumes sont bien confits. S'il y a trop d'eau, découvrez et enfournez à nouveau pendant 10 min environ pour que le liquide s'évapore.

Vert

Lapin à la moutarde

Pour 4 personnes

Plat principal

INGRÉDIENTS

1 lapin entier, découpé en morceaux
2 cuil. à soupe de moutarde forte
1 petit pot de fromage blanc battu
2 cuil. à soupe d'huile de tournesol
Sel et poivre du moulin

• Dans une cocotte, faites chauffer l'huile de tournesol et faites-y rôtir les morceaux de lapin sur les deux faces pendant quelques minutes à feu vif.

• Retirez-les et réservez-les.

• Dans la même cocotte, à feu doux, versez la moutarde et délayez avec un peu d'eau de manière à former un fond de cuisson sans grumeaux.

• Remettez les morceaux de lapin, salez et poivrez, couvrez et laissez cuire à tout petit feu pendant 45 min en remuant régulièrement pour que les morceaux de lapin s'imprègnent bien de moutarde.

• Vérifiez régulièrement que le lapin n'accroche pas et ajoutez 1 ou 2 cuil. à soupe d'eau en cours de cuisson si nécessaire.

• Au moment de servir, délayez le fromage blanc avec 2 cuil. à soupe d'eau froide, battez bien et ajoutez dans la cocotte, hors du feu. Remuez et servez accompagné de légumes verts à la vapeur.

Saumon à l'oseille et à la ciboulette

Pour 4 personnes

Vert

Plat principal

INGRÉDIENTS

4 beaux filets de saumon frais
1 gros bouquet d'oseille
1 gros bouquet de ciboulette
1 citron (jus)
250 g de fromage blanc allégé
1 cuil. à soupe de sauce soja (sans ingrédients chimiques)
1 pointe de piment de Cayenne
Sel et poivre du moulin

• Préchauffez le four à 160 °C (th. 5-6)

• Découpez 4 grands morceaux de papier sulfurisé. Dans chacun, posez 1 filet de saumon, arrosez de jus de citron, salez et poivrez.

• Lavez l'oseille, découpez-la en fines lanières et répartissez-la sur les filets de saumon.

• Refermez les papillotes, ramenez les côtés en dessous de manière qu'elles soient étanches, posez-les dans un plat allant au four et enfournez.

• Laissez cuire entre 15 et 20 min, selon que vous aimez le poisson rosé ou bien cuit.

• Pendant la cuisson, ciselez finement la ciboulette. Versez le fromage blanc dans une jatte, salez, poivrez, pimentez, ajoutez la ciboulette et la sauce soja. Battez bien le tout et répartissez dans 4 ramequins.

• Servez le poisson dès qu'il est cuit, accompagné des ramequins individuels de sauce

Vert

Saumon à la vanille et à l'anis étoilé

Pour 4 personnes

Plat principal

INGRÉDIENTS

4 filets de saumon
2 gousses de vanille
8 étoiles d'anis
1 citron (jus)
1 orange (jus)
1/2 cuil. à café de gingembre en poudre
Sel et poivre du moulin

• Préchauffez le four à 120 °C (th. 4).

• Découpez 4 grands morceaux de papier sulfurisé. Dans chacun, posez 1 filet de saumon. Salez et poivrez.

• Pressez l'orange et le citron, et ajoutez au jus obtenu le gingembre en poudre. Mélangez.

• Coupez les gousses de vanille en deux de manière à obtenir 4 morceaux d'égale longueur, incisez-les sur toute la longueur, ouvrez-les et déposez-les sur les filets de saumon.

• Déposez de part et d'autre des filets 1 étoile d'anis.

• Versez un peu du jus de fruit au gingembre par-dessus et refermez immédiatement les papillotes pour ne pas perdre de liquide, posez-les dans un plat allant au four.

• Enfournez et laissez cuire pendant 15 à 20 min, selon que vous aimez le saumon plus ou moins cuit.

• Servir avec une purée de légumes verts (courgettes et haricots verts par exemple), ou une petite portion de pâtes complètes.

Filet de bœuf aux échalotes

Pour 4 personnes

Plat principal

INGRÉDIENTS

4 morceaux de filet de bœuf, taillés en tournedos
8 petites échalotes
1 cuil. à soupe d'huile de tournesol
Sel et poivre du moulin

• Disposez les 4 tournedos dans une assiette, salez et poivrez. Laissez reposer.
• Épluchez et ciselez finement les échalotes.
• Dans une petite poêle, faites chauffer l'huile puis faites-y revenir les échalotes à feu vif pendant 1 min.
• Salez, poivrez, mouillez avec 1 cuil. à soupe d'eau, baissez le feu et laissez cuire à couvert pendant 5 min.
• Pendant ce temps, chauffez une poêle anti-adhésive après l'avoir enduite d'un tout petit peu d'huile à l'aide d'un morceau de coton. Faites-y cuire les tournedos entre 2 et 5 min sur chaque face, en fonction de leur épaisseur et de vos goûts.
• Au moment de servir, versez les échalotes sur la viande.
• Servir avec des légumes.

Vert

Salade d'agrumes

Pour 4 personnes

Dessert

INGRÉDIENTS

1 grosse orange
1 pamplemousse rose
2 clémentines (sans pépins de préférence)
2 kiwis
1 bouquet de menthe
2 cuil. à soupe de cerneaux de noix
2 cuil. à soupe de noisettes décortiquées
1 cuil. à soupe d'eau de fleur d'oranger
1 cuil. à soupe d'édulcorant si vous êtes en phase 1, ou de miel si vous avez dépassé cette phase

• Pelez soigneusement les agrumes, puis séparez les tranches. Épluchez ces dernières en enlevant l'enveloppe blanchâtre dans laquelle elles sont enfermées. Mettez le tout dans un saladier.

• Épluchez les kiwis, coupez-les en deux puis chaque moitié en tranches. Ajoutez aux agrumes.

• Mélangez et laissez reposer au frais pendant 15 min pour laisser les fruits lâcher leur jus.

• Pendant ce temps, ciselez finement les feuilles de menthe.

• Sortez les fruits du réfrigérateur et prélevez 2 cuil. à soupe du jus. Mélangez-les avec l'eau de fleur d'oranger et le miel ou l'édulcorant (en phase 1). Ajoutez la menthe ciselée, remuez et versez sur les fruits.

• Mélangez encore une fois le tout, délicatement pour ne pas défaire les tranches d'agrumes, et mettez au frais.

• Au moment de servir, parsemez de noix et de noisettes émiettées.

Soupe de fruits rouges au fromage blanc

Pour 4 personnes

Dessert

INGRÉDIENTS

500 g de fraises
250 g de framboises
1 barquette de groseilles
1 barquette de myrtilles
1 orange
500 g de fromage blanc allégé
2 gouttes d'huile essentielle de citron
1 cuil. à soupe d'édulcorant si vous êtes en phase 1, de miel si vous avez dépassé cette phase

• Rincez les fruits rouges et équeutez-les. Mettez les framboises, les groseilles et les myrtilles dans un plat creux.
• Coupez les fraises en quartiers et ajoutez-les dans le plat.
• Pressez l'orange, ajoutez au jus l'huile essentielle de citron puis versez sur les fruits. Mélangez et laissez reposer quelques minutes.
• Pendant ce temps, versez le fromage blanc dans un petit saladier et versez-y le miel ou l'édulcorant. Battez pour que le mélange soit très lisse.
• Au moment de servir, versez les fruits et leur jus sur le fromage blanc.

Avocats aux poires

Pour 4 personnes

Entrée

INGRÉDIENTS

3 avocats pas trop mûrs
2 petites poires pas trop mûres
1 cuil. à soupe de vinaigre balsamique
1 tranche d'environ 80 g de parmesan bien sec
1 pointe de piment de Cayenne
Sel et poivre du moulin

• Pelez les avocats, ôtez le noyau et découpez-les en fines tranches dans le sens de la longueur.
• Pelez les poires, ôtez les pépins et découpez-les également en tranches fines dans le sens de la longueur.
• Dans une grande assiette, posez les tranches en alternant 2 tranches d'avocat et 1 de poire. Dessinez ainsi une marguerite en partant des bords pour aller vers le centre. Remplissez le centre en découpant en petits cubes les tranches mal coupées ou qui se sont cassées.
• Salez, poivrez, saupoudrez de piment de Cayenne.
• Délayez le vinaigre balsamique dans 1/2 cuil. à soupe d'eau froide, remuez bien, et versez sur l'assiette.
• Au dernier moment, répartissez sur l'assiette des copeaux de parmesan, découpés avec un économe. Servez rapidement afin que les avocats ne noircissent pas.

Œufs au jambon

Pour 4 personnes

Entrée

INGRÉDIENTS

4 œufs
2 tranches de jambon blanc dégraissé
Huile de tournesol
1 pointe de paprika doux
Sel et poivre du moulin

- Dans une poêle antiadhésive, étalez un peu d'huile de tournesol avec un coton puis faites chauffer. Lorsque la poêle est chaude, cassez-y un à un les œufs, en prenant bien soin de ne verser que le blanc. Réservez les jaunes dans un bol, en faisant bien attention de ne pas les casser.
- Laissez cuire les blancs quelques instants, puis répartissez dessus le jambon découpé en lanières.
- Lorsque les blancs commencent à être cuits, déposez dessus les jaunes d'œufs un à un, avec une cuillère, sans les casser.
- Laissez cuire encore 1 min, salez, poivrez.
- Lorsque les œufs sont cuits, faites-en glisser un dans chaque assiette individuelle.
- Au moment de servir, déposez sur chaque jaune une petite pointe de paprika doux.

Œufs en gelée

Pour 4 personnes

Entrée

INGRÉDIENTS

4 œufs
1 tranche de jambon blanc dégraissé
1/4 de poivron rouge
4 petites feuilles de basilic
1 sachet de gelée (sans ingrédients chimiques)
Vinaigre d'alcool, si possible.

• Faites chauffer de l'eau vinaigrée dans une marmite.
• Pendant ce temps, préparez 4 ramequins, déposez-y 1 feuille de basilic et 1 petit morceau de poivron rouge, recouvrez d'un morceau de jambon de la taille du récipient.
• Lorsque l'eau bout, cassez 1 œuf dans une grande cuillère, puis déposez-le très doucement dans le liquide bouillant. Procédez de la même manière avec les autres œufs, l'un après l'autre.
• Laissez cuire 2 min, puis prélevez délicatement les œufs avec une écumoire afin qu'ils ne se percent pas et déposez-les dans les ramequins.
• Préparez la gelée selon les indications notées sur l'emballage et versez-la sur les œufs, de manière que ceux-ci en soient entièrement recouverts.
• Mettez au frais pendant au moins 2 h. Servez en entrée, accompagné de salade verte.

Orange

Pizza fine

Pour 4 personnes

Entrée

INGRÉDIENTS

300 g de pâte à pain préparée avec du levain et, de préférence, de la farine semi-complète
4 grosses tomates bien mûres
1 petite courgette
50 g de champignons de Paris
2 tranches de jambon blanc dégraissé
150 g de fromage de chèvre ou de brebis frais
1 brindille de thym
1 brindille de romarin
1 brindille d'origan
1 cuil. à soupe d'huile d'olive
Sel et poivre du moulin

- Demandez à votre boulanger de vous garder 300 g de pâte à pain fraîche (au levain).
- Préchauffez le four à 180 °C (th. 6).
- Plongez 2 tomates quelques secondes dans de l'eau bouillante. Épluchez-les. Découpez-les en tout petits dés et mettez-les à cuire dans une casserole à feu moyen, avec du sel et du poivre, en remuant régulièrement.
- Pendant qu'elles cuisent, épluchez la courgette une bande de peau sur deux, coupez-la en tranches très fines. Rincez les champignons et coupez-les en fines lamelles. Coupez le jambon en lanières.
- Étalez la pâte à pain à la main en veillant à ce qu'elle soit la plus fine possible et déposez-la sur une plaque allant au four, huilée.
- Lorsque les tomates ont réduit, étalez cette purée en couche fine sur la pâte. Répartissez dessus les tranches de courgette, les lamelles de champignons et les lanières de jambon.
- Par-dessus, posez les 2 tomates restantes coupées en fines tranches et le fromage frais émietté.
- Effeuillez les aromates par-dessus, salez, poivrez et enfournez.
- Laissez cuire 15 à 20 min. La pâte doit être croustillante sans être sèche. Au moment de servir, versez l'huile d'olive en filet sur la pizza.

Orange

Bricks au fromage frais

Pour 4 personnes

Entrée

INGRÉDIENTS

8 feuilles de brick
200 g de fromage frais (chèvre ou brebis)
2 œufs + 1 jaune
1 gros bouquet d'herbes aromatiques fraîches (basilic, coriandre, ciboulette, menthe...)
Sel et poivre du moulin

• Faites chauffer le four à 160 °C (th. 5-6).
• Ciselez finement les herbes.
• Dans une jatte, mélangez le fromage frais, les 2 œufs entiers, les herbes ciselées, du sel et du poivre. Remuez bien jusqu'à ce que le mélange soit homogène.
• Étalez les feuilles de brick, déposez au milieu de chacune une portion du mélange, puis repliez-les de manière à former soit des rouleaux soit des petits paquets.
• Déposez-les dans un plat allant au four, sur une feuille de papier sulfurisé.
• Enduisez la surface des bricks au pinceau avec le jaune d'œuf délayé dans un peu d'eau.
• Enfournez et laissez cuire 10 min environ, en surveillant : les bricks doivent être dorés sans être desséchés. Servez-les immédiatement, accompagnés de salade verte.

Orange

Club sandwich

Pour 4 personnes

Plat principal

INGRÉDIENTS

8 belles tranches de pain semi-complet au levain, pas trop épaisses
2 tomates rouges et fermes
1/2 concombre
8 feuilles de laitue
2 blancs de poulet rôtis, sans la peau
2 cuil. à soupe de fromage blanc allégé
1 cuil. à soupe de mayonnaise
1 pointe de piment de Cayenne
Sel et poivre du moulin

- Faites griller légèrement les tranches de pain.
- Pendant ce temps, préparez la sauce en mélangeant dans un bol la mayonnaise et le fromage blanc, salez, poivrez et ajoutez le piment de Cayenne.
- Découpez les blancs de poulet en tranches fines.
- Rincez les légumes, coupez la tomate en rondelles et le concombre en tranches très très fines.
- Lorsque le pain est grillé, tartinez sur une tranche un peu de sauce mélangée à la salade, posez dessus quelques tranches de poulet, étalez une nouvelle couche fine de sauce, posez quelques tranches de tomate et de concombre.
- Pour finir, étalez sur le dessus encore un peu de sauce et posez une deuxième tranche de pain.
- Procédez de la même manière pour réaliser les trois autres sandwichs. Servez immédiatement. afin que le pain soit encore légèrement tiède.

Pâtes complètes au basilic

Pour 4 personnes

Plat principal

INGRÉDIENTS

400 g de pâtes semi-complètes, bio de préférence
2 belles tomates bien mûres
1 gros bouquet de basilic
2 gousses d'ail
2 cuil. à soupe de parmesan râpé
2 cuil. à soupe d'huile d'olive
1 pincée de piment de Cayenne en poudre
Sel et poivre du moulin

• Faites chauffer de l'eau salée dans un grand faitout.

• En attendant, réduisez l'ail en purée avec un presse-ail et mettez cette purée au fond d'un grand bol. Ajoutez l'huile d'olive, du sel, du poivre et le piment. Remuez bien pour former une pâte.

• Prélevez les feuilles du basilic et mixez-les avec les tomates.

• Ajoutez cette purée à la pâte d'ail. Saupoudrez de parmesan râpé et mélangez encore.

• Lorsque l'eau bout, faites cuire les pâtes *al dente*.

• Dès qu'elles sont cuites, égouttez-les sommairement, versez-les dans un grand saladier et ajoutez la préparation précédente.

• Mélangez, rectifiez l'assaisonnement et servez immédiatement.

Orange

Tajine de poulet aux petits pois et aux fèves

Pour 4 personnes

Plat principal

INGRÉDIENTS

1 beau poulet élevé au grain, de préférence bio, coupé en gros morceaux
1 boîte de petits pois extra-fins
500 g de fèves fraîches (ou surgelées si ce n'est pas la saison)
1 gros oignon
4 gousses d'ail
1 cuil. à soupe d'huile d'olive
1 cuil. à café de cumin en poudre
Sel et poivre du moulin

• Écossez les fèves et faites-les cuire à la vapeur pendant 10 min environ. Si elles sont surgelées, sortez-les du réfrigérateur la veille afin de leur laisser le temps de décongeler, puis procédez comme avec des fèves fraîches.
• Épluchez l'oignon et l'ail. Coupez l'oignon en rondelles et l'ail en fines tranches.
• Dans une cocotte (ou un plat à tajine en terre), faites chauffer l'huile d'olive et faites-y revenir l'oignon et l'ail.
• Remuez bien. puis ajoutez les morceaux de poulet.
• Salez, poivrez, saupoudrez de cumin, mélangez et couvrez. Laissez cuire ainsi pendant 15 min.
• Lorsque le poulet est mi-cuit, ajoutez les fèves et les petits pois avec leur jus. Couvrez et laissez cuire 15 min supplémentaires.
• Servez chaud, accompagné de couscous cuit à la vapeur.

Orange

Pâtes à la bolognaise

Pour 4 personnes

Plat principal

INGRÉDIENTS

400 g de pâtes semi-complètes, bio de préférence
300 g de viande de bœuf maigre hachée (ou de steak haché à 5 % de matières grasses)
1 kg de tomates bien mûres
2 oignons
4 gousses d'ail
1 bouquet d'herbes aromatiques (thym, romarin, laurier, origan...)
1 cuil. à soupe d'huile d'olive
1 pointe de piment de Cayenne
Sel et poivre du moulin

- Plongez les tomates quelques secondes dans de l'eau bouillante. Pelez-les et coupez-les en petits cubes.
- Épluchez l'ail et l'oignon et coupez-les en tranches fines.
- Dans un faitout, faites chauffer l'huile puis faites-y revenir l'ail et l'oignon à feu assez vif, en remuant.
- Ajoutez la viande, salez, poivrez et remuez.
- Laissez cuire quelques minutes, puis ajoutez les cubes de tomates, le piment de Cayenne et le bouquet d'herbes, attachées avec une ficelle.
- Couvrez et laissez cuire à tout petit feu pendant au moins 1 h.
- La sauce est encore meilleure si vous la cuisinez la veille et que vous la faites recuire 30 min avant le repas.
- Au dernier moment, faites cuire les pâtes *al dente* dans une grande marmite d'eau bouillante salée, égouttez-les et versez-les dans la sauce. Servez accompagné d'un peu de parmesan râpé ou en copeaux.

Couscous au poulet

Pour 4 personnes

Plat principal

INGRÉDIENTS

- **500 g de graine de couscous complet**
- **1 poulet élevé au grain, bio de préférence, coupé en morceaux**
- **8 carottes**
- **8 petites courgettes**
- **2 navets**
- **4 cœurs d'artichauts surgelés**
- **1 gros oignon**
- **1 petite boîte de pois chiches au naturel**
- **1 cuil. à soupe d'huile d'olive**
- **1 cuil. à soupe de cumin en poudre**
- **1 cuil. à soupe de paprika doux en poudre**
- **1/2 cuil. à soupe de 4-épices (mélange spécial couscous)**
- **Sel et poivre du moulin**

• Mettez à décongeler les cœurs d'artichauts entiers. Épluchez les autres légumes et coupez-les en gros tronçons. Coupez l'oignon en rondelles.

• Versez la graine de couscous dans un saladier, ajoutez du sel et 3 verres d'eau tiède. Remuez et laissez reposer.

• Dans une grande marmite (de préférence un couscoussier), faites chauffer l'huile d'olive et faites-y revenir les morceaux de poulet pendant quelques minutes.

• Retirez le poulet et réservez-le dans une assiette.

• Dans le fond de cuisson, faites revenir l'oignon. Remuez. Ajoutez les épices, salez, poivrez, mélangez bien pour répartir les saveurs.

• Ajoutez les carottes et les navets, puis les cœurs d'artichauts entiers et les pois chiches égouttés. Remuez bien et couvrez d'eau. Le liquide doit être abondant, comme pour un bouillon. Remettez le poulet à cuire. Couvrez et laissez cuire 40 min en remuant de temps en temps. Ajoutez alors les courgettes et laissez cuire encore 10 min.

• Pendant cette dernière phase, versez la graine dans le panier à vapeur du couscoussier (à défaut, 4 min au micro-ondes), arrosez-la de bouillon de cuisson et déposez le panier sur la marmite pendant 10 min.

• Servez séparément la graine, la viande et les légumes présentés dans un plat, et la sauce.

Orange

Sauté de veau aux haricots blancs

Pour 4 personnes

Plat principal

INGRÉDIENTS

1 kg de sauté de veau bien dégraissé, découpé en cubes
200 g de haricots blancs secs (ou 500 g frais)
3 belles tomates
1 oignon rouge
1 bouquet d'aromates (thym, laurier, romarin, origan...)
1 cuil. à soupe de sauce soja (sans ingrédients chimiques)
1 cuil. à soupe d'huile d'olive
Sel et poivre du moulin

• Si vous utilisez des haricots blancs secs, faites-les tremper la veille dans un saladier rempli d'eau froide. Si vous utilisez des haricots frais, écossez-les. Pelez l'oignon et coupez-le en lamelles.

• Égouttez les haricots secs ou rincez les haricots frais, et mettez-les à cuire dans une marmite d'eau froide salée. Laissez-les bouillir 15 min dans l eau à peine frémissante.

• Pendant ce temps, faites chauffer l'huile d'olive dans une cocotte et faites-y revenir les morceaux de veau pendant quelques minutes, en les retournant. Lorsqu'ils commencent à se colorer, sortez-les et réservez-les dans une assiette.

• Dans le fond de cuisson de la viande, faites revenir l'oignon. Lorsqu'il est bien doré, remettez la viande, salez, poivrez, versez la sauce soja et ajoutez le bouquet garni bien ficelé

• Baissez le feu, couvrez et laissez mijoter quelques minutes à petit feu, le temps de peler les tomates. Ajoutez alors dans la cocotte les haricots blancs bien égouttés, puis les tomates.

• Mélangez, rectifiez l'assaisonnement et couvrez. Laissez cuire à tout petit feu pendant environ 45 min. La viande et les haricots doivent être bien tendres, sans pour autant se défaire.

• Servez bien chaud.

Orange

Blanquette de veau à l'ancienne

Pour 4 personnes

Plat principal

INGRÉDIENTS

600 g de veau à blanquette, bien dégraissé et coupé en gros cubes
2 jaunes d'œufs
1 petit pot de fromage blanc allégé battu
2 carottes
2 oignons
2 poireaux
100 g de champignons de Paris
1 citron (jus)
1 cuil. à soupe d'huile de tournesol
1 bouquet garni (thym, laurier, branche de céleri)
Sel et poivre du moulin

• Faites chauffer l'huile dans une cocotte et faites-y revenir légèrement les morceaux de viande, sans les saler. Retirez-les et réservez.
• Épluchez les oignons et coupez-les en lamelles. Pelez les carottes et nettoyez les poireaux, ne gardez que le blanc, coupez carottes et poireaux en tronçons. Nettoyez les champignons et coupez-les en quatre. Réservez.
• Dans le fond de cuisson, faites revenir l'oignon, mélangez, ajoutez les carottes et les poireaux.
• Remettez la viande dans la cocotte. Salez, poivrez, ajoutez le bouquet garni bien ficelé, couvrez d'eau et laissez cuire à couvert, à petit feu, pendant au moins 1 h 30.
• Au bout de 1 h de cuisson, ajoutez les champignons.
• Lorsque la viande est bien tendre, retirez la cocotte du feu. Prélevez les morceaux de viande et les plus gros morceaux de légumes avec une écumoire et mettez-les dans un plat creux. Réservez-les au chaud dans un four tiède.
• Augmentez la puissance du feu et laissez le jus de cuisson réduire de moitié environ.
• Retirez du feu et laissez légèrement tiédir. Retirez le bouquet garni.

• Pendant ce temps, versez dans une jatte les jaunes d'œufs, le jus du citron et le fromage blanc bien battu. Mélangez.
• Versez dans la cocotte, mélangez bien, puis versez cette sauce sur la viande et les légumes et servez immédiatement, accompagné de riz brun cuit *al dente*.

Riz brun au lait

Pour 4 personnes

Dessert

INGRÉDIENTS

200 g de riz complet, bio de préférence
1 litre de lait demi-écrémé
1 orange non traitée
1 citron non traité
1 gousse de vanille
2 bâtons de cannelle
1/2 verre de fructose en poudre (ou un verre d'édulcorant si vous êtes en phase 1)

• Rincez le riz plusieurs fois, jusqu'à ce que l'eau soit claire, puis laissez-le s'égoutter dans une passoire.

• Dans une grande casserole, faites chauffer le lait avec la cannelle, la gousse de vanille incisée dans le sens de la longueur, les zestes râpés d'orange et de citron.

• Lorsque le lait bout, versez le riz, remuez, baissez le feu, couvrez et laissez cuire pendant 30 min en remuant de temps en temps.

• Laissez tiédir. Retirez les bâtons de cannelle et la gousse de vanille.

• Avant de servir, ajoutez le fructose ou l'édulcorant.

Orange

Pizza aux fruits frais

Pour 4 personnes

Dessert

INGRÉDIENTS

250 g de pâte à pain, préparée au levain et de préférence avec de la farine semi-complète ou complète
2 pommes
1 poire
2 kiwis
1 orange non traitée
1 citron non traité
250 g de fraises
1 barquette de framboises
1 barquette de myrtilles
1 pointe de cannelle en poudre
2 étoiles d'anis
2 cuil. à soupe de fructose en poudre ou d'édulcorant selon la phase dans laquelle vous vous trouvez
Huile de tournesol

• Demandez à votre boulanger de vous garder 250 de pâte à pain, préparée au levain.

• Étalez-la à la main de manière qu'elle soit la plus fine possible.

• Posez-la sur la plaque du four légèrement huilée.

• Préchauffez le four à 180 °C (th. 6).

• Pelez les pommes et la poire, coupez-les en petits morceaux, mettez-les dans une casserole. Ajoutez le jus de l'orange et du citron, ainsi qu'un peu de leur zeste râpé, la cannelle et les étoiles d'anis. Faites cuire à tout petit feu pendant 10 min environ, en mélangeant de manière que les fruits fondent.

• Si le mélange est trop liquide, augmentez le feu en fin de cuisson pendant quelques minutes pour accélérer l'évaporation.

• Lorsque cette compote a la consistance d'une purée, arrêtez le feu, laissez-la tiédir quelques minutes, ôtez les étoiles d'anis puis étalez-la sur la pâte à pain.

• Enfournez et laissez cuire pendant 20 min environ. La pâte doit être croquante sans être sèche.

• Pendant ce temps, préparez les autres fruits et coupez les kiwis et les fraises en tranches fines.

• Lorsque la pizza est cuite, laissez-la tiédir puis garnissez-la de fruits. Saupoudrez de fructose ou d'édulcorant, puis servez encore tiède.

Quiche au jambon

Pour 4 personnes

Rouge

Entrée

INGRÉDIENTS

Pour la pâte

200 g de farine
50 g de beurre mou + 20 g pour le moule
1 œuf
1 petit verre d'eau
Sel

Pour la garniture

100 g de poitrine de porc fumée
150 g de jambon blanc
3 œufs entiers
150 g de crème fraîche épaisse
50 g de gruyère râpé
Noix muscade
Sel et poivre du moulin

- Préparez la pâte : versez la farine dans un saladier profond. Versez 4 pincées de sel et remuez afin qu'il se mélange bien à la farine. Creusez un puits au milieu et mettez-y l'œuf, un peu d'eau, puis le beurre légèrement ramolli et coupé en petits cubes.
- Malaxez en versant le reste d'eau au fur et à mesure jusqu'à obtenir une pâte lisse et souple.
- Lorsque votre pâte est prête laissez-la reposer quelques minutes.
- Préchauffez le four à 200 °C (th. 6-7).
- Mettez une petite casserole d'eau à chauffer. Coupez la poitrine en petits dés. Lorsque l'eau bout, retirez la casserole du feu et versez-y les dés de poitrine. Laissez reposer 1 min puis égouttez-les.
- Dans une jatte, mélangez les œufs, la crème fraîche et le gruyère. Salez, poivrez, ajoutez 1 pincée de noix muscade râpée et battez bien à la fourchette.
- Étalez la pâte au rouleau et déposez-la au fond d'un moule à tarte beurré.
- Coupez le jambon en cubes.
- Sur le fond de pâte, répartissez les cubes de jambon et les dés de poitrine de porc. Versez par-dessus le mélange œufs/ crème fraîche et enfournez.
- Laissez cuire pendant 30 à 35 min, en surveillant régulièrement afin que la cuisson ne soit ni trop forte ni trop longue. La surface de la quiche doit être dorée, sans devenir brune.
- Servez chaud avec une salade verte.

Rouge

Salade de pommes de terre au gruyère et au jambon cru

Pour 4 personnes

Entrée

INGRÉDIENTS

4 pommes de terre de taille moyenne
2 branches de céleri bien blanches
1 oignon rouge
100 g de gruyère
100 g de jambon cru
1 cuil. à soupe de cerneaux de noix
3 cuil. à soupe d'huile de noix
1 cuil. à soupe de vinaigre de xérès
1/2 cuil. à café de moutarde de Dijon
Sel et poivre du moulin

• Faites chauffer une marmite d'eau salée. Lorsque l'eau bout, plongez-y les pommes de terre et laissez-les cuire une demi-heure environ.

• Tout en surveillant la cuisson des pommes de terre (en y plantant la pointe d'un couteau de temps en temps), préparez la sauce dans un saladier : versez d'abord la moutarde et le vinaigre et remuez afin d'obtenir un mélange homogène ; salez et poivrez ; puis versez l'huile en remuant régulièrement.

• Nettoyez les branches de céleri ; pelez l'oignon et coupez-les en tranches fines. Ajoutez à la vinaigrette.

• Lorsque les pommes de terre sont cuites, épluchez-les et coupez-les en cubes de taille moyenne. Laissez-les tiédir quelques minutes, puis versez-les dans le saladier. Mélangez pour que les pommes de terre s'imprègnent bien de sauce.

• Coupez le gruyère et le jambon cru en petits cubes.

• Au dernier moment, ajoutez les cubes dans le saladier, mélangez et parsemez de cerneaux de noix. Servez immédiatement. Cette salade est meilleure tiède, mais elle peut aussi se manger froide.

Bricks au thon

Pour 4 personnes

Entrée

INGRÉDIENTS

4 feuilles de brick
1 boîte de 200 g de miettes de thon à l'huile
2 œufs
1/2 citron (jus)
1/2 bouquet de coriandre fraîche
Huile pour friture
Sel et poivre du moulin

• Faites durcir les œufs. Passez-les sous l'eau froide et écalez-les. Ciselez les feuilles de coriandre.

• Dans un saladier, versez le thon à l'huile sommairement égoutté.

• Sur une planche à découper, coupez les œufs durs en tout petits morceaux et mélangez-les au thon.

• Ajoutez 1 cuil. à café de jus de citron et 2 cuil. à soupe de coriandre ciselée. Salez très légèrement, poivrez et mélangez.

• Étalez 1 feuille de brick, déposez au centre 2 cuil. à soupe du mélange, puis refermez-la de manière à former un petit triangle. Procédez de la même manière avec les 3 autres feuilles.

• Faites chauffer de l'huile dans une poêle. Lorsqu'elle est bien chaude, faites-y dorer les bricks 1 min de chaque côté. La pâte doit être dorée et croustillante. Égouttez et servez chaud, accompagné d'un plateau de crudités.

Rouge

Crespeou provençal

Pour 4 personnes

Plat principal

INGRÉDIENTS

12 œufs frais
1 petite boîte de thon à l'huile
1 petite boîte de filets d'anchois à l'huile
1 poivron vert
1 cœur d'artichaut surgelé
1 courgette
1 oignon de taille moyenne
1 tomate
1 bouquet d'herbes fraîches (menthe, ciboulette, basilic...)
5 cuil. à soupe d'huile d'olive
Sel et poivre du moulin

• Munissez-vous d'une petite poêle et d'un plat rond allant au four ayant le même diamètre et des bords assez hauts.
• Faites chauffer le four à 180 °C (th. 6 - four moyen).
• Faites décongeler le cœur d'artichaut. Plongez la tomate dans un bol d'eau bouillante, pelez-la et enlevez les pépins. Épluchez et nettoyez les autres légumes.
• Découpez tous les légumes en fines tranches. Ciselez les herbes et gardez entières quelques feuilles de menthe et de basilic.
• Passez au mixeur le thon à l'huile sommairement égoutté et les filets d'anchois, en prenant soin d'en prélever 4 pour la décoration finale. Réservez cette pâte.
• Dans la petite poêle, faites chauffer 1 cuil. à soupe d'huile d'olive puis mettez-y à cuire le poivron à feu vif, en remuant régulièrement, pendant trois minutes.
• Battez 2 œufs dans une jatte, salez légèrement poivrez et versez-les dans la poêle, laissez cuire pour obtenir une petite omelette.
• Lorsqu'elle est cuite mais encore baveuse, retirez-la du feu et déposez-la au fond du plat allant au four. Badigeonnez-la de 1 cuil. à soupe du mélange thon/ anchois.

• Procédez de la même manière avec les autres légumes, de manière à obtenir une petite omelette à l'artichaut, puis à l'oignon, à la courgette et à la tomate.
• Posez-les au fur et à mesure dans le plat allant au four, en prenant soin de badigeonner chacune du mélange thon/ anchois.
• Au dernier moment, battez les 2 œufs restants avec les herbes ciselées, salez légèrement, poivrez, et versez sur le gâteau de crêpes.
• Enfournez et laissez cuire au bain-marie pendant 10 min environ.
• Laissez tiédir, démoulez et décorez le dessus du crespeou avec les filets d'anchois réservés et les feuilles de basilic et de menthe réservées.

Rouge

Gratin de pommes de terre à la crème

Pour 4 personnes

Plat principal

INGRÉDIENTS

500 g de pommes de terre
2 gousses d'ail
50 cl de lait demi-écrémé
1 œuf
1 petit pot de crème fraîche
20 g de beurre pour le plat
Noix muscade
Sel et poivre du moulin

• Faites chauffer le four à 200 °C (th. 6-7 - four moyen).
• Épluchez les pommes de terre, lavez-les, essuyez-les et coupez-les en fines rondelles.
• Pelez l'ail et coupez-le en très fines lamelles.
• Beurrez un plat allant au four (à bords pas trop hauts). Disposez-y les pommes de terre en prenant soin de poser sur chaque couche quelques lamelles d'ail.
• Dans un saladier, cassez l'œuf et battez-le soigneusement à la fourchette. Puis incorporez lentement le lait et la crème fraîche. Le mélange doit être bien homogène. Salez, poivrez, ajoutez 2 pincées de noix muscade râpée, puis versez sur les pommes de terre (le liquide doit affleurer la couche supérieure des pommes de terre).
• Enfournez et laissez cuire pendant 50 min environ. Surveillez la cuisson de temps en temps en piquant une pointe de couteau dans le gratin. Servez chaud, en accompagnement d'une viande (agneau ou bœuf de préférence).

Escalope normande

Pour 4 personnes

Plat principal

INGRÉDIENTS

4 escalopes de veau, très fines
1 petit pot de crème fraîche épaisse
100 g de champignons de Paris
1 petit citron (jus)
3 cuil. à soupe d'huile de tournesol
Farine
Sel et poivre du moulin

• Nettoyez les champignons et coupez-les en fines lamelles. Réservez-les.

• Faites chauffer 2 cuil. à soupe d'huile dans une grande poêle. Farinez les escalopes et mettez-les à cuire dans la poêle, à feu vif, 2 ou 3 min de chaque côté selon leur épaisseur. Réservez-les.

• Dans la même poêle, versez 1 cuil. à soupe d'huile et faites cuire les lamelles de champignons. Salez et poivrez en cours de cuisson.

• Lorsque les champignons sont cuits, ajoutez le jus de citron, mélangez pour déglacer le fond de cuisson et ajoutez les escalopes. Laissez chauffer 1 min, salez et poivrez à nouveau, puis ajoutez la crème fraîche.

• Remuez pour bien imprégner les escalopes de sauce et servez immédiatement, accompagné de pommes de terre vapeur ou de riz blanc.

Rouge

Gratin de lasagnes aux trois fromages

Pour 4 personnes

Plat principal

INGRÉDIENTS

Pour la sauce tomate

- **1 kg de belles tomates, bien mûres**
- **1 gros oignon**
- **3 gousses d'ail**
- **1 bouquet d'aromates (laurier, thym, romarin...)**
- **2 cuil. à soupe d'huile d'olive**
- **Sel et poivre du moulin**

Pour la sauce béchamel

- **2 cuil. à soupe de farine**
- **1 cuil. à soupe de beurre**
- **50 cl de lait demi-écrémé**
- **50 g de parmesan râpé**
- **50 g de gruyère râpé**

• Commencez par préparer la sauce tomate. Épluchez l'ail et l'oignon et hachez-les. Plongez les tomates quelques secondes dans de l'eau bouillante, pelez-les puis coupez-les en dés

• Dans une casserole, faites chauffer l'huile d'olive, faites-y revenir l'ail et l'oignon en remuant. Salez et poivrez. Ajoutez les dés de tomates et le bouquet d'aromates. Couvrez et laissez cuire 30 min à feu doux en remuant de temps en temps.

• Préparez la sauce béchamel. Dans une casserole, faites fondre le beurre à feu très doux puis versez la farine en pluie et mélangez jusqu'à obtenir une pâte lisse. Versez un filet de lait et mélangez pour lisser la pâte. Ajoutez ainsi tout le lait par petites quantités pour que la béchamel ne fasse pas de grumeaux (si elle en contient, passez-la au chinois à ce stade de la préparation).

• Salez, poivrez, ajoutez une pincée de noix muscade râpée. Faites cuire à feu doux en remuant sans arrêt jusqu'à ce que la sauce épaississe un peu. Retirez du feu, ajoutez le gruyère et le parmesan râpés et laissez reposer.

• Préchauffez le four à 220 °C (th. 7-8 – four chaud).

Noix muscade
Sel, poivre du moulin
Pour le gratin
1/2 paquet de lasagnes crues
80 g de gorgonzola
80 g de fromage de chèvre frais
50 g de gruyère râpé

• Faites cuire les pâtes dans de l'eau bouillante salée pendant quelques minutes. Égouttez-les.
• Dans un plat allant au four, étalez une couche de sauce tomate, puis une couche de lasagnes et une couche de béchamel.
• Recouvrez avec des tranches fines de gorgonzola et de chèvre frais, puis recommencez en alternant les couches jusqu'à ce que vous arriviez à 1 cm du bord du plat.
• Terminez par une couche de béchamel puis une couche de sauce tomate. Parsemez de gruyère râpé et enfournez.
• Laissez cuire 20 à 30 min, en surveillant : le dessus doit être gratiné et doré, sans brunir.
• Servez bien chaud.

Rouge

Poulet en croûte

Pour 4 personnes

Plat principal

INGRÉDIENTS

1 poulet élevé au grain et en plein air, si possible bio
10 tranches de bacon
260 g de champignons de Paris
2 cubes de bouillon de viande sans ingrédients chimiques
1 petit pot de crème fraîche liquide
1 jaune d'œuf
20 g de beurre pour le plat
1 cuil. à soupe d'huile de tournesol
Farine
Sel et poivre du moulin
Pour la pâte
400 g de farine
150 g de beurre
1 œuf
Sel

- Faites chauffer le four à 220 °C (th. 7-8 – four chaud).
- Coupez le beurre en petits dés et laissez-les ramollir en les déposant dans un lieu tiède (près d'un radiateur, près du four qui chauffe...).
- Dans une jatte, versez la farine, ajoutez 2 pincées de sel et remuez bien. Ajoutez les morceaux de beurre ramollis, puis travaillez le tout avec les mains jusqu'à obtenir un mélange sableux.
- Ajoutez l'œuf et malaxez encore. Puis mouillez lentement le tout avec 1 petit verre d'eau tout en continuant à malaxer, jusqu'à obtenir une pâte lisse et souple.
- Beurrez et farinez un plat creux allant au four.
- Étalez la pâte et utilisez-en une moitié pour en garnir le plat.
- Désossez le poulet, coupez-le en morceaux de taille moyenne et garnissez-en le fond de pâte. Salez et poivrez.
- Par-dessus, étalez les tranches de bacon de manière à bien recouvrir le poulet.
- Préparez 50 cl de bouillon avec les 2 cubes et laissez-le tiédir.
- Nettoyez les champignons, découpez-les en lamelles et faites-les légèrement cuire dans une poêle avec l'huile de tournesol. Salez et poivrez.
- Retirez-les du feu à mi-cuisson et répartissez-les sur les tranches de bacon.

• Versez le bouillon dans le plat de manière à recouvrir le poulet, sans que le liquide affleure jusqu'aux champignons.
• Recouvrez du reste de pâte, en réservant une lanière de 5 cm de large et de 20 cm de long. Au milieu du plat, ouvrez 2 trous dans la pâte et confectionnez 2 cheminées avec la lanière de pâte restante que vous poserez dans chaque trou de manière à le maintenir ouvert pendant la cuisson.
• Badigeonnez la surface avec le jaune d'œuf battu puis enfournez et laissez cuire pendant 1 h environ.
• De temps en temps, vérifiez par les trous que le liquide s'évapore à l'intérieur du plat.
• Lorsque le poulet en croûte est cuit, sortez-le du feu, retirez les cheminées et, par les trous, versez la crème fraîche. Soulevez légèrement la couche supérieure de pâte avec une fourchette pour aider la crème à se répandre dans le plat. Servez immédiatement.

Rouge

Mousse aux deux chocolats

Pour 4 personnes

Dessert

INGRÉDIENTS

75 g de chocolat noir extra (72% de cacao)
75 g de chocolat blanc
30 g de sucre brun en poudre (cassonade)
10 g de beurre
4 œufs
1 pincée de sel

• Faites fondre le chocolat noir au bain-marie dans une petite casserole, avec la moitié du beurre.

• Retirez du feu puis ajoutez 2 jaunes d'œufs et la moitié du sucre brun. Remuez énergiquement pour obtenir une pâte lisse.

• Faites fondre de la même manière le chocolat blanc avec le reste du beurre, puis ajoutez les 2 jaunes d'œufs et le sucre restant, mélangez.

• Montez les blancs d'œufs en neige avec la pincée de sel, jusqu'à ce qu'ils soient très fermes. Partagez-les en deux.

• Dans un saladier, versez le chocolat noir fondu sur la moitié des blancs d'œufs et remuez délicatement avec une spatule pour ne pas les « casser »

• Dans un autre saladier, versez le chocolat blanc fondu sur l'autre moitié des blancs d'œufs et remuez délicatement avec une spatule.

• Enfin, dans un plat de service, versez alternativement la mousse au chocolat noir et la mousse au chocolat blanc, sans les mélanger, de manière à former des dessins.

• Mettez au réfrigérateur pendant au moins 4 h

• Servez accompagné de quartiers de fruits de saison.

Rouge

Vacherin aux fruits rouges

Pour 4 personnes

Dessert

INGRÉDIENTS

50 cl de crème fleurette
2 blancs d'œufs
15 g de beurre pour la plaque
200 g de sucre en poudre
250 g de fraises
1 barquette de petits fruits rouges (groseilles, myrtilles...)
300 g de framboises (fraîches ou surgelées)
2 cuil. à soupe d'alcool de framboise

• Préparez la meringue. Montez les blancs en neige ferme, avec 120 g de sucre en poudre.
• Préchauffez le four à 160 °C (th. 5-6 - four tiède).
• Sur la plaque du four légèrement beurrée, déposez des petites boules de blancs d'œufs espacées d'au moins 3 cm car les meringues augmentent de volume à la cuisson. Enfournez et laissez cuire 15 min environ.
• Pendant ce temps, montez la crème fleurette en chantilly avec 40 g de sucre en poudre. Battez jusqu'à ce que la crème soit ferme.
• Lavez et équeutez les fraises, coupez-les en petits quartiers. Nettoyez les autres fruits rouges, excepté les framboises.
• Sortez les meringues du four dès qu'elles sont cuites et laissez-les refroidir.
• Garnissez un plat à cake de film alimentaire, en prenant soin de bien l'étaler sur les parois et sur le fond.
• Versez au fond du plat une couche de chantilly. Par-dessus, déposez une couche de meringue grossièrement écrasée entre les doigts, puis une couche de fruits rouges mélangés.
• Recommencez en alternant les couches jusqu'au bord supérieur du plat.
• Terminez par une couche de chantilly. Tassez légèrement et mettez au congélateur pendant au moins 4 h.

• Pendant ce temps, versez les framboises fraîches ou décongelées dans un tamis d'environ 15 cm de diamètre, et travaillez-les à la cuillère au-dessus d'un gros bol. Le jus et la chair des framboises doivent se déposer au fond du bol et les graines rester dans le tamis. Vous obtenez ainsi un coulis de framboise. Ajoutez-y le reste du sucre et l'alcool de framboise.

• Sortez le vacherin du congélateur 10 min avant de servir, afin qu'il ne soit pas trop dur. Démoulez le, dressez-le au milieu d'un plat de service et recouvrez d'une partie du coulis de framboise.

• Découpez-le en tranches épaisses et servez-le accompagné du reste du coulis servi à part.

Mousse glacée au caramel

Pour 4 personnes

Dessert

INGRÉDIENTS

Pour la mousse
4 blancs d'œufs
1 pincée de sel
Pour le caramel
50 g de sucre en poudre
2 gouttes de jus de citron
Pour la crème anglaise
4 jaunes d'œufs
60 g de sucre en poudre
50 cl de lait demi-écrémé
1 gousse de vanille

• Préparez la crème anglaise dans une casserole : faites chauffer le lait avec la gousse de vanille fendue en deux. Dès qu'il approche de l'ébullition, retirez du feu et laissez tiédir.

• Dans une autre casserole, versez les jaunes d'œufs et le sucre en poudre. À l'aide d'une spatule en bois, mélangez bien jusqu'à obtenir un mélange homogène, un peu mousseux. Mettez cette casserole sur un feu très doux et incorporez très lentement le lait vanillé en remuant sans arrêt. Continuez à remuer sur le feu jusqu'à ce que la crème ait la consistance voulue : pour contrôler la cuisson de la crème anglaise, passez le doigt sur le dos de la spatule nappée de crème : la trace du doigt doit rester nette et bien visible. Si le sillon se referme, poursuivez la cuisson, toujours en tournant avec la spatule en bois et en veillant à ne jamais faire bouillir.

• Retirez du feu, enlevez la gousse de vanille et laissez tiédir.

• Préparez le caramel : dans une autre casserole, versez le sucre en poudre et mouillez avec 3 cuil. à soupe d'eau froide. Ajoutez le jus de citron, mélangez puis mettez sur le feu.

• Faites blondir quelques minutes à feu très doux en remuant sans arrêt. Lorsque le caramel a une belle couleur dorée, retirez-le du feu et versez-y 2 doigts d'eau chaude afin de le stabiliser. Remuez et laissez tiédir.

• Préparez la mousse : montez les blancs d'œufs en neige bien ferme, avec la pincée de sel.

• Dans une jatte, mélangez-les avec le caramel liquide en remuant délicatement avec une spatule afin de ne pas « casser » les œufs.

• Garnissez un moule à cake de film alimentaire, en tapissant bien les bords et le fond. Versez le mélange dans le moule en le remplissant jusqu'au bord. Tassez et mettez au congélateur pendant au moins 4 h.

• Sortez la mousse du congélateur 10 min avant de la servir afin qu'elle ne soit pas trop dure. Dressez-la dans un plat de service, entourée de morceaux de fruits de saison. Servez-la en tranches épaisses, arrosées de crème anglaise.

Tarte aux poires et au chocolat

Pour 4 personnes

Dessert

INGRÉDIENTS

Pour la garniture

500 g de poires
1 cuil. à soupe de poudre d'amande
50 g de chocolat noir extra (72% de cacao)
50 g de sucre en poudre
3 œufs

Pour la pâte

200 g de farine
50 g de sucre en poudre
20 g de beurre pour le moule
1 œuf

• Préparer la pâte. Mélangez dans un saladier la farine et le sucre en poudre. Faites un puits au milieu et cassez-y l'œuf. Mélangez bien puis incorporez peu à peu 1 petit verre d'eau, sans cesser de remuer, jusqu'à obtenir une pâte lisse et souple.

• Beurrez un moule à tarte et étalez-y la pâte.

• Allumez le four à 220 °C (th. 7-8 - four chaud).

• Pelez les poires et coupez-les en quartiers assez fins. Garnissez-en la pâte.

• Faites fondre le chocolat au bain-marie avec 1 cuil. à soupe d'eau. Mélangez bien. Quand il est bien lisse, ajoutez le sucre en poudre et la poudre d'amande.

• Dans une jatte, battez les 3 œufs puis ajoutez la préparation au chocolat en remuant délicatement. Versez ce mélange sur les poires. Enfournez et laissez cuire 30 min environ.

• Servez tiède.

LES MENUS PLAISIR

Voici à présent quelques menus organisés en fonction des différentes phases de votre rééducation métabolique. Ce ne sont que des exemples ! Une fois que vous aurez bien compris le fonctionnement de la méthode, vous pourrez suivre ces quelques exemples pour guider votre imagination. Vous apprendrez ainsi rapidement à composer vous-même vos repas, et à **acquérir une totale liberté minceur.** C'est un gage essentiel de plaisir et de réussite dans le contrôle durable de votre poids.

■ *Une semaine de menus de la phase 1*

Les petits déjeuners

Modulez votre petit déjeuner en fonction de votre appétit. Ne sautez pas ce repas important, mais ne vous forcez pas à manger trop si vous n'avez pas faim.

Le petit déjeuner de phase 1 peut comporter une boisson chaude (thé ou tisane, ou café si vous ne pouvez vous en passer), un yaourt allégé[P] (éventuellement aux fruits, mais non sucré), un fruit choisi dans la zone verte et une céréale choisie dans la zone orange.

Voici deux exemples :

Petit déjeuner 1
1 thé ou 1 café sans sucre
1 yaourt allégé[P]
1 kiwi
2 cuil. à soupe de son d'avoine (à mélanger dans le yaourt, c'est délicieux).

Petit déjeuner 2
1 thé ou 1 café sans sucre
50 g de fromage de chèvre frais[P] ou de fromage blanc[P]
1 petite tranche de pain au levain semi-complet
1 poignée de cerises

Les repas

Voici des exemples de repas que vous pouvez vous préparer pendant la phase 1 de votre programme de rééducation métabolique.

Lundi midi
Artichaut cru à la *Sauce légère* (voir recettes p. 222-224)
Escalope de veau grillée accompagnée de *Légumes à l'étouffée*[P] (voir recette p. 234)
Yaourt aux fruits[P]

Lundi soir
Soupe à la tomate (voir recette p. 228)
Saumon à la vanille et à l'anis étoilé[P] (voir recette p. 238)
accompagné d'une fondue de poireaux
Compote de fruits sans sucre

Mardi midi
Poivrons grillés accompagnés de 1 œuf mollet[P] et de 1 tranche de pain semi-complet frotté d'ail
Salade verte à la *Sauce légère* (voir recettes p. 222-224)
Fromage blanc[P] avec 1 goutte d'huile essentielle d'orange

Mardi soir
Salade de chou rouge à la *Sauce légère* (voir recette p. 222-224)
Crevettes[P] et petits légumes à la vapeur, avec un jus de citron
Fromage de chèvre[P] frais au basilic

Mercredi midi
Salade de tomates au basilic et au fromage de chèvre frais[P]
Steak[P] haché (5 % de matière grasse) grillé accompagné d'endives braisées
Clémentines

Mercredi soir
Potage de légumes verts (voir recette p. 230)
Coquilles Saint-Jacques[P] grillées aux herbes fraîches accompagnées de fenouil braisé
Yaourt[P] aux fruits

Jeudi midi
Bouquet de crevettes[P] (voir recette p. 225)
Légumes vapeur à la *Sauce légère* (voir recettes p. 222-224)
Salade d'agrumes (voir recette p. 240)

Jeudi soir
Salade d'épinards frais, champignons et poivrons rouges (voir recette p. 226)
Blanc de poulet[P] rôti sans la peau accompagné de ratatouille
Soupe de fruits rouges au fromage blanc (voir recette p. 241)

Vendredi midi
Assiette de crudités à la *Sauce légère* (voir recettes pp. 222-224)
Lapin à la moutarde[P] (voir recette p. 236) accompagné d'une petite portion de pâtes complètes cuites *al dente.*
Yaourt allégé

Vendredi soir
Moules marinières[P]
Haricots verts à la vapeur
Salade de fruits (kiwi, orange, banane verte)

Samedi midi
Salade niçoise (tomate, concombre, poivron vert, thon[P] au naturel et œuf mollet, sans huile)
Légumes vapeur
1 tranche de pain complet au levain
1 petit bol de cerises

Samedi soir
Pizza fine (voir recette p. 245)
Légumes vapeur à la *Sauce légère* (voir recettes p. 222-224)
Fromage blanc[P] aux agrumes

Dimanche midi
*Marmite de poulet*ᴾ *au thé vert* (voir recette p. 235)
Salade verte *Sauce légère* (voir recettes p. 222-224)
Fromage blanc allégé parfumé d'une goutte d'huile essentielle de citron

Dimanche soir
*Filet de bœuf*ᴾ *aux échalotes* (voir recette p. 239)
Courgettes vapeur
Salade de kiwis et d'orange

Une semaine de menus de la phase 2

Les petits déjeuners

Le petit déjeuner de phase 2 peut comporter une boisson chaude (thé ou tisane, ou café si vous ne pouvez vous en passer), un laitage ou une autre source de protéines (œuf, poulet, fromage, saumon...), un fruit et une céréale choisie dans la zone orange.

Voici deux exemples :

Petit déjeuner 1
1 thé (infusion ou café sans sucre)
1 yaourt entier ᴾ
2 tranches d'ananas frais
1 tranche de pain complet au levain

Petit déjeuner 2
1 thé (infusion ou café sans sucre)
1 œuf [P] à la coque
1 tranche de pain complet au levain
1 morceau de fromage [P] à pâte cuite (genre comté ou emmental)
1 orange (entière ou pressée)

Les repas

Voici un exemple des repas que vous pouvez préparer lorsque vous avez atteint la phase 2.

Lundi midi
Carottes râpées *Sauce légère* (voir recettes p. 222-224)
Œufs au jambon[P] (voir recette p. 243) accompagné de *Légumes à l'étouffée* (voir recette p. 234)
1 tranche de pain complet au levain
1/2 melon farci de framboises

Lundi soir
Potage de légumes verts (avec 1 carotte) (voir recette p. 230)
Pâtes à la bolognaise[P] (voir recette p. 250)
Salade de fruits de saison

Mardi midi
Couscous au poulet[P] (voir recette p. 251)
Salade de roquette *Sauce légère* (voir recettes p. 222-224) avec des pignons et des copeaux de parmesan
Yaourt aux fruits

Mardi soir
Œufs[P] *au jambon* (voir recette p. 243)
Purée de légumes verts (courgette, haricots verts, brocolis) à l'huile d'olive et au cumin
Riz brun au lait (voir recette p. 255)

Mercredi midi
Crudités *Sauce légère* (voir recettes p. 222-224)
Blanquette de veau[P] *à l'ancienne* et riz brun (voir recette p. 253)
Salade de fruits exotiques

Mercredi soir
Soupe à la tomate (voir recette p. 228)
Pâtes au basilic
Fromage blanc[P] aux fruits rouges

Jeudi midi
Concombre à la grecque (avec fromage blanc allégé et citron)
Filet de bœuf[P] *aux échalotes* (voir recette p. 239) accompagné de chou-fleur à la vapeur
Riz brun au lait (voir recette p. 255)

Jeudi soir
Avocats aux poires (voir recette p. 242)
Plateau de coquillages minceur[P] (voir recette p. 227)
1 verre de bon vin blanc sec

Vendredi midi
Salade de riz (tomate, crabe[P] au naturel, cubes d'ananas, poivron vert et *Sauce légère* [voir recettes p. 222-224])
Légumes à l'étouffée (voir recette p. 234)
Salade d'oranges aux noisettes et aux noix

Vendredi soir
Crudités variées à la sauce légère (voir p. 222-224)
Sauté de veau[P] *aux haricots blancs* (voir recette p. 252)
Fruit de saison

Samedi midi
Pamplemousse aux crevettes (voir recette p. 229)
Filets de poisson blanc[P] *à la fondue d'épinards frais* (voir recette p. 232)
Pizza aux fruits frais (voir recette p. 256)

Samedi soir
Bricks au fromage frais (voir recette p. 246)
Côtes d'agneau[P] grillées accompagnées de haricots verts vapeur à l'ail et au persil
Salade de pastèque au cassis et aux airelles

Dimanche midi
Salade de cœur de céleri *Sauce légère* (voir recettes p. 222-224) et paprika
Club sandwich[P] (voir recette p. 247)
Yaourt aux fruits

Dimanche soir
Salade d'endives à la *Sauce légère* (voir recettes p. 222-224) et aux noix
Pintade[P] aux choux (cuisinée à l'étouffée sans matière grasse)
Fromage frais
1 tranche de pain complet au levain

■ *Une semaine de menus de la phase 3*

Les petits déjeuners

Pendant la phase 3 de votre rééducation métabolique, et dans les mois qui suivent, vous pouvez encore rajouter à votre petit déjeuner un aliment sucré (si cela vous manque) ou une céréale.

Voici deux exemples :

Petit déjeuner 1
1 thé (infusion ou 1 café sans sucre)
1 yaourt[P] aux fruits
1 tranche de pain complet au levain avec 1 cuil. à café de miel ou de confiture
1 orange pressée

Petit déjeuner 2
1 thé (infusion ou 1 café sans sucre)
1 œuf [P] à la coque
2 tranches de pain complet au levain avec une mince couche de beurre frais
1 petit bol de fromage blanc[P] avec 1 cuil. à café de miel ou 2 cuil. à soupe de compote de fruits

Les repas

Le seul réflexe qu'il vous faut conserver, à présent, est d'éviter de manger deux aliments de la zone rouge dans le même repas. Mais rassurez-vous, cela vous laisse un choix alimentaire si vaste que vous aurez du mal à vous sentir frustré ! Voici quelques exemples.

Lundi midi
Soupe au potiron
Gigot d'agneau[P] accompagné de flageolets
Yaourt aux fruits

Lundi soir
Choucroute (avec peu de charcuterie[P])
Salade verte *sauce légère* (voir recettes p. 222-224)
1 tranche de pain semi-complet au levain
1 part de tarte fine aux pommes

Mardi midi
Foie gras de canard[P] accompagné de 1 tranche de pain complet au levain et 1 figue pochée
Filet de poisson[P] en papillote
Pommes au four à la cannelle

Mardi soir
Potage au cresson
Tajine de poulet[P] aux petits pois et aux fèves (voir recette p. 249)
Mousse aux deux chocolats (voir recette p. 268)

Mercredi midi
Crudités variées
Côte de veau grillée[P] accompagnée de champignons sautés à l'ail et de petits pois
Fruit
1 verre de bon vin rouge

Mercredi soir

Saumon fumé[P], accompagné de 1 tranche de pain complet au levain et de 1 cuil. à café de crème fraîche à l'aneth

Crevettes[P] sautées avec très peu d'huile, accompagnées de 1 petit bol de riz brun aux oignons rouges

Salade de fraises, kiwis et bananes vertes

Jeudi midi

Carottes et chou blanc râpés à la *Sauce légère saveur thaï* (voir recette p. 224)

Magret de canard[P] grillé, sans la peau, accompagné de tomates à la provençale

1 part de tarte aux fruits

1 verre de bon vin rouge

Jeudi soir

Salade de fenouil au cumin, *Sauce légère* (voir recettes p. 222-224)

Blanc de volaille[P] grillé accompagné d'une purée de pommes de terre au son d'avoine et au fromage blanc (2 cuil. à soupe de fromage blanc et 1 cuil. à soupe de son d'avoine par personne)

Compote de rhubarbe peu sucrée au fructose

Vendredi midi

Crudités variées

Faux-filet[P] grillé accompagné d'épinards vapeur assaisonnés de 1 cuil. à café de crème fraîche

1 crêpe à la farine complète, arrosée de sirop d'érable

Vendredi soir
Soupe à l'oignon avec 1 tranche de pain complet au levain grillé et 2 cuil. à soupe de fromage râpé
*Œufs en gelée*P (voir recette p. 244)
1 pomme râpée dans un bol de fromage blancP, avec 1 cuil. à café de miel et une pincée de cannelle en poudre

Samedi midi
Salade de tomates au basilic
1 assiette de cassouletP
Yaourt aux fruits P

Samedi soir
Salade au poulet (tomate, maïs, blanc de poulet, *Sauce légère* [voir recettes p. 222-224])
SardinesP grillées accompagnées d'un bol de pâtes complètes assaisonnées d'huile d'olive et de basilic
Fruit
1 verre de bon vin blanc

Dimanche midi
Poireaux vapeur à la vinaigrette
CailleP rôtie accompagnée de côtes de blettes sautées
1 part de gâteau maison aux fruits, peu sucré au fructose

Dimanche soir
Salade de poulpeP
Gratin de pâtes

Ce qu'il faut retenir

• La méthode SLIM-data ne vous empêche pas de cuisiner et de savourer les plats les plus variés et les plus goûteux.

• Même pendant la phase 1, vous pouvez cuisiner un grand choix de recettes et concevoir des menus très variés, à condition de bien choisir vos ingrédients, de limiter les matières grasses (surtout à la cuisson) et de mettre l'accent sur les épices et les aromates.

• Pendant la phase 2, vous pouvez intégrer des aliments avec un SLIM-data élevé, mais en quantité raisonnable.

• Pendant la phase 3, veillez juste à ne pas associer dans un même repas deux plats ou deux aliments ayant un SLIM-data très élevé.

• Réservez toujours les aliments de la zone violette aux fêtes. Ne vous interdisez rien, mais retenez que ceux-ci sont réellement des aliments anti-santé.

• C'est un vrai jeu d'enfant pour un plaisir... d'adulte !

• Alors, à vous de jouer !

CONCLUSION

> « Peut-être touchons-nous à l'époque prédite où la science, ayant accompli son cercle entier de synthèse et d'analyse, de croyance et de négation, pourra s'épurer elle-même et faire jaillir du désordre et des ruines la cité merveilleuse de l'avenir. »
>
> Gérard de Nerval

Les idées bonnes pour l'homme sont sans violence mais pas sans force ; sans contraintes mais pas sans règles ; sans excès mais pas sans rêves. Compréhensibles par tous, elles sont faites pour que l'homme éveille en lui ses « bons sens ». Ceux de la vérité, du courage, de l'intelligence, de la beauté et de la bonté, au service d'une énergie de vie tournée vers un progrès respectueux de nos équilibres ancestraux. La voie de nos « bons sens » est celle de la paix du corps et de l'esprit des hommes.

Sans conteste, en cette période de progrès fulgurants aux limites du vivant et du divin (limites cosmiques, atomiques, génétiques, avec leurs insolubles problèmes de bioéthique...), nous pouvons réaffirmer avec la sagesse du roi Salomon que « Science sans conscience n'est que ruine de l'âme ».

Mais aujourd'hui, de manière moins philosophique et plus pragmatique, nous pouvons ajouter que « Science sans bon sens n'est déjà que ruine du corps ». C'est l'un des constats majeurs de ce demi-siècle de régimes minceur. Des régimes oscillant entre « paroles de stars » (sincères mais opportunistes ; parfois émerveillées et trop enthousiastes d'avoir elles-mêmes minci), « paroles de gourous » (parfois sincères mais toujours émerveillés de faire mincir durablement les porte-monnaie de leurs adeptes) et « paroles d'Évangile » du monde scientifique (toujours sincère, mais rarement émerveillé par le moléculaire, le calorique et le frustrant) !

Tout cela débouche sur le même discours dominant : « Si vous êtes trop gros, c'est que vous avez trop mangé ! C'est donc votre faute ! Si vous voulez être plus mince, mangez moins et faites plus de sport. » Ce discours est scientifiquement logique, mais il est humainement faux, ou du moins très incomplet au vu des dernières statistiques mondiales sur l'obésité de plus en plus alarmantes.

Les résultats de certaines recherches développés dans ce livre donnent un éclairage nouveau aux problèmes du surpoids. Cela m'a permis de vous apporter une très bonne nouvelle : votre volonté n'est pas seule en cause, vous n'êtes pas totalement coupable de vos kilos en trop ! Ces kilos rebelles ne sont qu'une conséquence de l'irréversible transformation de notre alimentation et de notre style de vie. Un courant progressif et quelque peu pernicieux qui nous entraîne dans :

- un « surdésir » provoqué par les messages incessants du matraquage publicitaire ;
- une « surconsommation » quasi obligatoire, dans ce contexte de surmenage visuel et auditif omniprésent ;
- une « surbouffe » et une « malbouffe » devenues incontrôlables par un cerveau en souffrance et surmené ;
- une « surfrustration » liée à l'impossible satisfaction de tous ces désirs ;
- un « surstress, » dû à des « surpressions » de vie permanentes ;

• une « surfatigue », physique et nerveuse, qui tend à devenir chronique à cause d'une obsession généralisée de la performance liée à l'explosion économique du 20e siècle.

Cette mission de vie est taillée pour des « surhommes » ! Ce que nous n'avons jamais été, et que nous ne sommes toujours pas... Il faut donc, de façon urgente, revenir à des exigences d'équilibre, d'harmonie, d'éthique et de bon sens. Il ne s'agit pas de refuser les nouveaux aliments, mais simplement d'apprendre à les reconnaître et surtout à les apprivoiser. C'est ce qui vous permettra de prévoir, et donc de contrôler à volonté, leur impact sur votre poids.

Voilà ce que ce livre s'est efforcé de vous proposer ; c'est l'âme de la méthode minceur SLIM-data. Essayez de mettre en pratique les conseils simples que vous venez de lire, afin qu'ils deviennent de nouveaux réflexes à la fois de minceur mais aussi de santé. Vous constaterez rapidement des changements en termes de poids, bien sûr, mais également d'humeur, de tonus, de vitalité... Vous vous sentirez rapidement mieux dans votre peau, plus entreprenant(e), plus motivé(e)...

Vous avez appris avec moi à rééquilibrer votre métabolisme alimentaire et à réveiller votre mémoire-minceur, endormie depuis trop longtemps au cœur de vos cellules. Vous avez définitivement choisi la voie de la minceur-santé, de la minceur-bonheur inscrite dans le temps. Merci pour votre confiance. À présent, je ne suis plus utile, je peux me retirer... C'est à votre tour d'être utile, pour vos proches (vos enfants avant tout), vos amis et surtout... pour vous-même. Alors, bonne et belle vie !

Yann Rougier
Monaco, janvier 2007

REMERCIEMENTS

À Marie Borrel
Transcrire plus de 200 pages « dictées » demande talent professionnel et joyeuse complicité nutritionnelle ! Tu m'as offert tout cela chère Marie (la patience face à mes corrections à l'infini, en plus !). Sois-en, une fois encore, remerciée.

À Marc de Smedt
Une cordialité spontanée, une aide très précieuse.

Aux éditions Albin Michel, Laure Paoli et Caroline Pajany
Pour votre accueil, la qualité de votre travail et votre confiance.

À Aléjandro Jodorowsky et Marianne Costa
Vos discussions bienveillantes m'ont permis de concilier la psychomédecine (au-delà des mots) et la physiomédecine (au-delà des maux).

À mes amis proches : Thierry, Michel, Gilles, Philippe, Alain, Pascale ; à tout mon Département scientifique et mes correspondants étrangers ; à Pierre, Yves et Robert.

À C.
Parce qu'il existe une émotion précieuse qui peut s'affranchir de l'espace et du temps ; parce qu'une telle emotion peut laisser une empreinte qui dépasse les limites et les contraintes d'une seule vie ; et parce que « l'essentiel est invisible pour les yeux… »

In memoriam :

À mes Parents.
Votre tendresse et vos conseils sont chaque jour plus vivants.

À Alice, Alfred et Madeleine.

TABLE DES MATIÈRES

Conception graphique : Stéphanie Le Bihan
Illustrations : Cécile Mazur

Composition : IGS
Impression Bussière : juin 2007
Éditions Albin Michel
22, rue Huyghens, 75014 Paris
www.albin-michel.fr